MINHA NOVA YORK

DIDI WAGNER

© Pulp Edições, 2014

Nesta edição, respeitou-se o Novo Acordo Ortográfico da Língua Portuguesa.

AUTORA: Didi Wagner

PROJETO EDITORIAL: Didi Wagner, Nô Mello e Pulp Edições

COORDENAÇÃO EDITORIAL: Nô Mello

EDITORAÇÃO E SERVIÇOS: Vicente Frare e Fernanda Ávila

ASSISTENTE DE SERVIÇOS: Dyonne Baptista

PROJETO GRÁFICO E DIAGRAMAÇÃO: Patricia Papp

REVISÃO: Mônica Ludvich

IMAGENS DIDI WAGNER: Jairo Goldflus

FIGURINISTAS: Tina Kugelmas, Paula Lang e Luna Nigro

MANIPULAÇÃO DE IMAGENS: Sérgio Lavinas

Nova York é uma cidade em constante ebulição. Telefones mudam, sites saem do ar, lojas fecham, restaurantes novos abrem as portas etc. Todos os esforços foram feitos para que as informações estivessem o mais atualizadas possível no momento da impressão. Não nos responsabilizamos pelo que possa ter sido alterado desde então. Caso haja discrepâncias, agradeceremos por ser informados através do e-mail pulp@pulpedicoes.com.br.

As fotos das páginas 88 e 269 foram utilizadas de acordo com a licença
Creative Commons – www.creativecommons.org

Dados Internacionais de Catalogação na Publicação (CIP)
Bibliotecária responsável: Maria Inês Meinberg Perecin – CRB 8/5598

W132m	Wagner, Didi
	Minha Nova York/ Didi Wagner. 4ª ed.,
	Curitiba: Pulp Edições, 2014.
	288p: il.color
	ISBN 978-85-63144-39-3
	1. Nova York (Estados Unidos) – descrições e viagens
	I. Título
	CDD 917.47

DIDI WAGNER

MINHA NOVA YORK

PULP EDIÇÕES

AO MEU FRED E ÀS BRASILEIRINHAS

LAURA, LUIZA E JULIA, GRANDES COMPANHEIROS DE

AVENTURAS URBANAS EM NOVA YORK.

A primeira edição do **Minha Nova York** só se concretizou depois que consegui sanar uma dúvida pessoal – por que lançar mais um guia de Nova York, sendo que esta é uma das cidades mais dissecadas do mundo em incontáveis guias de viagem? A resposta que encontrei comigo mesma foi: nesta era do excesso de informações o que falta, cada vez mais, é a "curadoria", a personalização, não é mesmo?

Então foi assim que decidi dividir com vocês a "minha" Nova York. A Nova York onde vivi intensamente por cinco anos, onde trabalhei – em busca de histórias e personagens inusitados para o programa "Lugar Incomum" – e vivenciei o dia a dia como uma nova-iorquina comum, que leva os filhos na escola, vai ao médico, faz compras em supermercado e por aí vai.

São Paulo é a cidade onde nasci e morei quase a vida toda, mas Nova York foi onde me descobri. Em 2011, me instalei novamente em São Paulo e, desde então, Nova York se tornou minha "home away from home", ou seja, o lugar onde mais me sinto em casa longe de casa. Toda vez que tenho uma brecha, dou um pulinho lá. E é assim que chegamos à quarta edição – revisada e atualizada – do **Minha Nova York**.

Não vou cobrir a cidade inteira. Não vou revelar detalhes técnicos de cada lugar visitado. Mas prometo compartilhar minhas opiniões, histórias pessoais e contar o que enxergo de especial em cada um dos locais que fazem parte da "minha" Nova York. Gosto de desbravar cidades e descobrir coisas incomuns, mas também sou adepta dos programas turísticos básicos e indispensáveis. Curto restaurantes baratos e charmosos, mas não descarto uma opção sofisticada de vez em quando. Uma coisa essas experiências têm em comum: alma.

Espero que você goste da "minha" Nova York e use as didicas do guia para fazer da sua Nova York a melhor experiência possível. Fico superfeliz em poder viajar com todos vocês.

Didi

@didiwagner
www.didiwagner.com.br
www.fb.com/didiwagneroficial

ÍNDICE

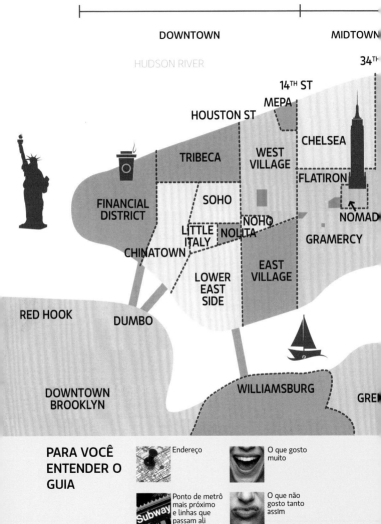

DOWNTOWN   MIDTOWN

HUDSON RIVER   34TH

14TH ST

MEPA

HOUSTON ST

CHELSEA

TRIBECA   WEST
             VILLAGE

FLATIRON

FINANCIAL   SOHO   NOMAD
DISTRICT   NOHO
           LITTLE NOLITA   GRAMERCY
           ITALY
CHINATOWN
                   EAST
           LOWER   VILLAGE
           EAST
RED HOOK   SIDE

DUMBO

DOWNTOWN   WILLIAMSBURG   GRE
BROOKLYN

PARA VOCÊ   Endereço   O que gosto
ENTENDER O   muito
GUIA
                Ponto de metrô   O que não
                mais próximo   gosto tanto
                e linhas que   assim
                passam ali

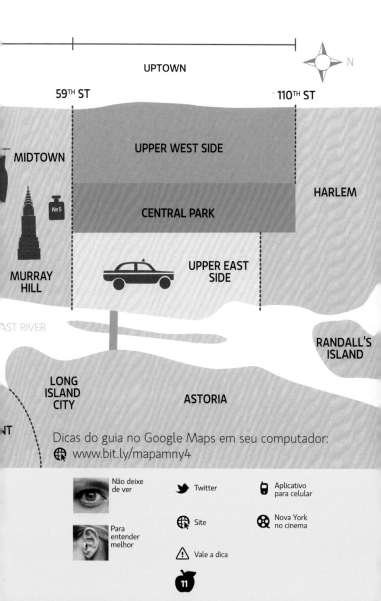

UPTOWN

N

59TH ST   110TH ST

UPPER WEST SIDE

MIDTOWN   HARLEM

N°5

CENTRAL PARK

MURRAY
HILL   UPPER EAST
SIDE

EAST RIVER   RANDALL'S
ISLAND

LONG
ISLAND
CITY   ASTORIA

Dicas do guia no Google Maps em seu computador:
www.bit.ly/mapamny4

Não deixe
de ver

Twitter

Aplicativo
para celular

Para
entender
melhor

Site

Nova York
no cinema

Vale a dica

MINHA HISTÓRIA COM NOVA YORK

Paula Buarque

Na primeira vez que fui a Nova York, tinha 12 anos e estava fazendo uma viagem com a minha mãe. Fomos a todos os programas "obrigatórios" de uma caloura na cidade. Eram outros tempos: a cidade não tinha a segurança (e vigilância) que tem hoje, mas também era bem menos careta.

Alguns anos depois, me casei com um cara que é absolutamente "New York addicted" e, sempre que aparecia uma brechinha, a gente baixava na Big Apple — em geral, estadias rápidas, em que sempre tentávamos fazer de tudo: ir a museus, descobrir novos restaurantes, se jogar numas comprinhas e, o principal, gastar tempo simplesmente andando na rua.

Desde então, experienciamos momentos únicos na cidade. Um deles foi dois meses depois dos atentados de 11 de setembro de 2001 para o Fred (meu marido) correr na New York Marathon. Ele, assim como todos os maratonistas, foi muito bem recebido por nova-iorquinos desesperados para levantar o moral da cidade. Tocante e inesquecível.

Depois, por motivos profissionais, em agosto de 2006, nos mudamos para Manhattan. Cheguei com duas filhas, algumas roupas, um apartamento sem móveis — e, mesmo conhecendo a cidade tão bem, tive que encarar viver ali como

uma nova-iorquina de verdade –, o que, como acabei descobrindo, é bastante diferente de ir a passeio.

Assim, além de ter de criar do zero minha rotina pessoal, de 2006 a 2008, graças ao "Lugar Incomum", programa que apresento no canal Multishow, circulei por todos os bairros e cantos possíveis em busca dos lugares e personagens inusitados que a cidade reserva.

E, depois de quase cinco anos na cidade, em 2011 voltei – com marido e então três filhas na bagagem – para a minha terra natal, São Paulo. Desde então, claro que a Big Apple continua no meu mapa e sempre que posso "dou um pulo" lá.

Dessa minha experiência, posso dizer que Nova York virou uma maçã menor e cheia de dentadas minhas. Cada metro (ou melhor, milha) percorrido, cada restaurante delicioso, cada caminhada infindável pelas ruas, cada balada desconhecida, tudo isso compõe pra mim o mapa dessa cidade que, não à toa, tanto encanta o mundo inteiro.

E disso tudo… nasceu este guia! Um relato de alguém que se maravilhou com a magia dessa "grande maçã" e que agora te entrega de bandeja, para você dar as suas dentadas também. Enjoy!

O ABC DE
NOVA YORK

ENTENDER NOVA YORK REQUER MUITO MAIS DO QUE SIMPLESMENTE CONHECER SEUS LIMITES GEOGRÁFICOS. CADA CANTINHO TEM SUAS PECULIARIDADES. E, NO CRUZAR DE ALGUNS QUARTEIRÕES, VOCÊ PERCEBE CLARAMENTE QUE MUDOU DE UM BAIRRO PARA OUTRO. OUTRA COISA EM QUE VOCÊ TEM QUE SE LIGAR É QUE AQUI ELES USAM MUITAS SIGLAS. VÁRIOS DOS NOMES DOS BAIRROS, NA VERDADE, SÃO ABREVIAÇÕES QUE INDICAM A LOCALIZAÇÃO DA ÁREA. MAS PODE DEIXAR QUE EU EXPLICO TUDO DIREITINHO.

> CHELSEA

Conhecido por ser o canto dos meninos que curtem meninos, já que a turma gay mora em peso ali e, portanto, é na região que acabam saindo para comer, passear e ferver. Também é destino certo para quem frequenta a cena das artes, já que (quase) todas as galerias que importam hoje no circuito artsy (pág. 88) têm seus espaços ali, ocupando os galpões industriais que foram abandonados com o crescimento e valorização imobiliária de Manhattan. Uma boa maneira de passear pelo bairro é pelo Highline Park (pág. 60).

Com tal mix, a região entrou na rota de marcas de moda mais conceito, como a Comme des Garçons, que escolheu ali para montar sua loja-conceito — e bota conceito nisso, o projeto arquitetônico é lindo. Ou seja: moda + arte + galera animada = tem que conferir, hehehe!

Da West 14th St a West 34th St, entre a 6th Ave e o Rio Hudson.

> CHINATOWN

Duh! O bairro chinês, né? Mas, gente, passeando nele é que você percebe como aquilo tudo é realmente... chinês! Todo mundo falando mandarim (ou algum dos trocentos dialetos de lá), tudo escrito em ideogramas, lojas e mais lojas de produtos exóticos (inclusive algumas que vendem sapos vivos em baldes, no meio da calçada – argh!!!). Nos restaurantes, tem de ser cauteloso, porque muitos deles são meio que "hum, não sei"... mas tem outros ótimos. Vale a pena não só pelos produtos exóticos chineses, mas pelas barraquinhas na Canal St, aquelas em que você acha bolsas e relógios "imitados". Não sou nada a favor da pirataria, mas você também encontra óculos escuros, camisetas, pashminas e várias outras bobagenzinhas que podem ser ótimos souvenires. E, bem, seja eu a favor ou contra, é tradição do bairro, então passe lá e julgue você mesmo.

Ao sul da Canal St, entre Lafayette St e Manhattan Bridge.

> EAST VILLAGE

Já foi um dos bairros mais transgressores de Nova York. Mas isso é coisa de algum tempo atrás – a gentrificação da cidade fez mais uma "vítima", transformando o que era "sujinho" e reduto da contracultura (portanto, bastante interessante) em uma região reluzente – e, por muitas vezes, mais sem graça. Mas mesmo com menos rock 'n' roll e uma dose a mais de bom comportamento, o bairro mantém seu charme.

Ainda é um dos poucos lugares onde você encontra lojinhas, vendinhas, comércio com cara local. Também tem bares bem fervidos e restaurantes pequenos e charmosos, com um clima mais autêntico. Reduto da boemia nova-iorquina, mistura uma galera das artes, mais uns descolados e uma modelada, criando um mix que fica entre o hippie e o chic. Todos convivem muito bem, obrigada. Nessa mistura, acrescente uns (mais que uns) mendigos e drogaditos que vagam pelas ruas, principalmente tarde da noite. Finja que não viu, passe do outro lado da rua que tá sossegado.

TEM QUE VER

NA SUA VISITA AO EAST VILLAGE, NÃO DEIXE DE PASSAR NA SAINT MARK'S PLACE, ALPHABET CITY (AS AVENIDAS A, B, C E D – ÚNICAS EM NOVA YORK COM NOME DE UMA LETRA SÓ), COOPER SQUARE E TOMPKINS SQUARE PARK.

Da Bowery ao East River, entre E 14th St e E Houston St.

ROCK AND ROLL
ALL NIGHT LONG – CBGB

O East Village ainda preserva uma cara de bairro mais rebelde e não é para menos. Na Bowery ficava o CBGB, casa noturna que para muitos foi o berço do punk rock (nos anos 1970). Os Ramones começaram ali. Blondie e Patti Smith também tocaram muito naqueles palcos. Hoje em dia, com a tal "gentrificação" assolando toda a Nova York, a Bowery está 100% comportada, o CBGB fechou suas portas oficialmente em 2009 e virou uma loja de roupas da marca John Varvatos (pág. 209). A real é que o CBGB já estava bem decadente nos últimos anos. Mesmo assim, a mudança de rumos deixou muito fã de rock revoltado. Sinal dos novos tempos mesmo – por bem ou por mal.

No mundo virtual, o CBGB ainda existe: www.myspace.com/ cbgb e no Facebook, http://bit.ly/CBGBNY

> HARLEM

Destino obrigatório para entender a cultura negra da cidade com ícones como o Apollo Theater – e sua célebre "Amateur Night", competição de calouros que revelou talentos como Stevie Wonder, Michael Jackson e James Brown; o restaurante Sylvia's – focado em "soul food"; e o Studio Museum – dedicado a artistas afrodescendentes e ao legado da cultura negra. Sem falar nas igrejas com coral gospel.

Um dos limites do bairro é a face norte do Central Park, na altura da rua 110 – o metrô chega lá e é fácil explorar a área a pé. De uns tempos pra cá, o bairro está virando novo destino dos bacanas da Big Apple: ganhou hotel-butique e o restaurante Red Rooster (pág. 141), do superchef Marcus Samuelsson, atrai locais e turistas na mesma proporção.

 EU OUVI DIREITO?

Aos domingos, antes de um brunch no Harlem, assista a uma missa nos templos do bairro para escutar cantos gospel.

Greater Refuge Temple
2081 7th Ave, esquina com W 124th St
www.greaterrefugetemple.org
Missa às 11h aos domingos

 Do East River ao Rio Hudson, entre 110th St e 155th St.

> LITTLE ITALY

O nome já diz tudo, né? Foi ali que os italianos se fixaram quando aportaram em Nova York no começo do século 20. Bem, sinto dizer que, apesar disso, não é lá que você vai encontrar os melhores restaurantes italianos. Tudo virou meio que uma versão Disney de si mesma e, ainda que tenha uma italianada de verdade por ali, isso não se traduz em pratos incríveis, caseiros. Sei lá, minha opinião pessoal... Mas, como o bairro conquistou esse status, tem eventos oficiais da colônia italiana que são imperdíveis, como a Festa de San Gennaro, de 15 a 25 de setembro. Outra coisa divertida de ver é qualquer jogo de futebol da Ilália. Nessa hora eles ficam bem autênticos, param de servir e assistem à partida lance a lance. Se quiser ver a cena, é só checar a tabela de jogos quando vier para cá.

Da Kenmare St a Canal St, entre Lafayette St e Bowery.

> LOWER EAST SIDE

O LES foi gueto dos imigrantes europeus no século 19 e começo do 20, depois virou point dos punks e foi sendo conquistado pelos descolados, que atualmente inundam as ruas da região. Ou seja, espere muitos gatinhos e gatinhas cheios de estilo para dar e vender. O bairro é inteiro voltado para eles: brechós, bares, restaurantes, baladinhas. Tudo no LES tem essa pegada cool. Começou a abrir loja de grife lá, mas, sinceramente, acho que os hipsters não vão deixar, afinal, eles querem preservar a todo custo a aura mais "altê" do bairro. De um jeito ou de outro, é passagem obrigatória para você entender o que e quem é cool em Manhattan hoje em dia.

Da E Houston St a Manhattan Bridge e da Allen St ao East River.

>MEATPACKING DISTRICT

Originalmente, o MePa (apelidinho do bairro) era a região dos açougues que abasteciam toda a cidade. Nos anos 1990, saíram os açougueiros e chegaram as dondocas. E, com elas, as lojas de grife, os hotéis e restaurantes cinco estrelas. Impressionante a transformação de toda aquela área. Essa é uma boa região para você se esbaldar porque também tem um monte de baladinhas (de pré-club a festão) para quem curte dar uma dançada noite afora. Bem, em Nova York o povo é animado, então espere tudo lotado — e uma pessoa na porta com um belo de um carão, que vai caber a você derreter. Boa sorte!

Entre o Rio Hudson e a Hudson St, da W 14th St a Gansevoort St.

> MIDTOWN

Essa é a região dos arranha-céus das grandes corporações e coração dos negócios da cidade. Também atrai muita turistada por ter hotéis com pacotes mais voltados para essa cena. Ou seja, calçadas e mais calçadas entupidas de gente por todos os lados. Balada? Nota zero. Bons restaurantes? Hum, um ou dois. Arte? Se não fosse o MoMA, seria bem escassa também. Mas nessa área ficam todos os musicais da Broadway, os neons da Times Square, o Empire State Building, a Grand Central, o Rockefeller Center e, consequentemente, gente do mundo todo. Mesmo que você não curta multidão, faz parte da experiência. Ali você consegue entender melhor o fator "mega" que só Nova York tem.

Entre 14th St e 59th St, e
do Rio Hudson ao East River.

> NOHO

Hoje esta é, sem dúvida, a área mais bombada de Downtown. É na região ao norte da Houston Street (North of Houston, daí o apelido) que fica a Bowery, outrora celeiro do movimento punk e hoje ressuscitada por um neo hype meio "artsy", meio "new money", com a chegada de galerias de arte como a Sperone Westwater, o New Museum e outros novos prédios (projetos arquitetônicos bizarros, tem que ver) que estão alterando a paisagem daquela região. Várias lojas queridinhas dos fashionistas nova-iorquinos se mudaram para o Noho e assim também fizeram os restaurantes. Se quiser ver todo mundo que é alguém em Downtown Manhattan, é lá que você deve ir, com certeza.

EU OUVI DIREITO?

Apesar das grafias serem absolutamente idênticas, a pronúncia da Houston, rua de Nova York, não é igual a Houston, cidade do Texas. O nome da cidade é falado com ênfase no "u" (algo como "Riuston"). Já a rua é pronunciada de forma diferente – fala-se "Ráuston". Não me pergunte por que, mas é assim! Fica a dica.

Entre a E Houston St e Astor Place, da Bowery a Broadway.

> NOLITA

De novo as tais abreviações. Nolita quer
dizer North of Little Italy. É aquele pedacinho meio Soho, mas já colado com
a região, que os italianos tomaram conta. O hype do Noho se estendeu a ela,
ou seja, a cena Nova York cool também
frequenta em peso a região. Várias lojas
superlegais ficam ali, num perfil mais
discreto que as "amigas" do Soho, essas
sim sempre um pouco espalhafatosas.
Os restaurantes também são tudo, se-
guindo essa pegada mais cool.

 *Entre E Houston St e Kenmare St,
da Bowery a Lafayette St.*

> NOMAD

O Madison Square Park é um dos mais charmosos dos pequenos parques de bairro espalhados por Manhattan. Agora está tudo abrindo ali ao norte (por isso o nome Nomad, North of Madison Sq Park) – restôs novos, hotéis novos, clubes etc., e a localização é ótima: pertinho de Midtown, mas já distante da muvuca, e colado em Downtown. A área também tem prédios lindos de bancos do começo do século passado e empresas que prosperavam naquela época. E, de quebra, a Quinta Avenida vira naquele pedaço um corredor de lojas na linha fast-fashion (Gap, H&M etc.) mais vazias, algo que você não vai achar nas outras áreas de compras da cidade. Aliás, vá lá mas não espalha, tá?

*Entre 25th St e 30th St, da
Ave of the Americas (6th Ave)
a 3rd Ave.*

> SOHO

Sabe aqueles lofts nova-iorquinos de sonho, que a gente vê em filmes ou programas de tevê dos anos 1990? É no Soho que eles ficam. Nos anos 1960, esses espaços eram "o" lugar para estar entre os artistas da cidade, que decidiram desbravar aquela região industrial e tão inóspita de Manhattan. Mas nada como o passar do tempo e de um baita processo de gentrificação para tudo mudar. De lá pra cá, o Soho foi sendo tomado pelo estilo de vida americano, pela exploração imobiliária, pelo comércio e pelos turistas também, claro. Nas calçadas, você vai encontrar de fashion victims a fashion Kaisers. É que, além de várias lojas-conceito das grifes mais caras do planeta, tem muita agência de modelo por lá, então dia sim outro também esse pessoal aparece pelas ruas almoçando e resolvendo sua vida. Mas prepare-se para lojas lotadas e calçadas idem. Ah, claro, por que Soho? Taí outro apelidinho naquele jeitão siglas daqui (aliás, a primeira de todas, e que inspirou as demais a se formarem). Quer dizer South of Houston, avenida que delimita a porção norte do bairro.

 Entre W Houston St e Canal St, da Crosby St a Avenue of the Americas.

> TRIBECA

Gente, este é complicado: Triangle Below Canal St. A sigla determina exatamente a área geográfica do bairro: "triângulo" de ruas, avenidas e praças que ficam ao sul da Canal St. É nesse pedacinho que muitos dos artistas que amavam o Soho foram se refugiar. Tem espaços absurdos ali, muitos dos prédios são tombados e é uma área residencial muito legal. Não sei se vale muito a pena para o turista, mas tem restôs bons também. Se você der sorte, pode vir para cá em época de Tribeca Film Festival, um dos melhores festivais de cinema do mundo. Quem dá pinta sempre é o Jay-Z, que se mudou para lá faz um tempo. Quem sabe você não cruza com ele ou alguém da turma?

Entre Canal St e a Vesey St, da West St a Broadway.

TRIBECA FILM FESTIVAL

Acontece durante a primavera. Confira a programação se estiver na cidade.

@TribecaFilmFest
www.tribecafilm.com/festival

> UPPER EAST SIDE

Chanel, Chanel, Chanel. Hermès, Hermès, Hermès. Ralph Lauren, Ralph Lauren, Ralph Lauren. Essa (ou outra combinação dessas três e algumas outras) vai ser sua experiência visual andando pelas ruas do UES. É o bairro onde os super-ricos moram e onde todas as grandes maisons e grifes têm suas lojas-conceito, as tais flagship stores. Ali também estão as principais lojas de departamentos — a emblemática Bloomingdales e as chiques Bergdorf Goodman e Barneys. Ou seja, a turistada do mundo todo ama andar por ali e "esquentar" o cartão de crédito! O bairro tem uma cena mais "old-money", mas nem por isso perde seu charme, afinal, o Central Park está logo ali, assim como a Park Ave em seu pedaço mais bonito (com seus canteiros centrais sempre impecáveis — tulipas no outono, pinheiros iluminados no inverno e por aí vai). Ladeando o Central Park, essa é a parte da Quinta Avenida onde ficam os apartamentos mais caros da cidade. Os grandes museus estão quase todos lá também, além de boas galerias de arte. Já os restaurantes, vários bons e mais para o caro que para o barato. Prepare o bolso quando passar por lá.

Entre 5th Ave e o East River, da E 59th St a E 96th St.

> UPPER WEST SIDE

Existe uma espécie de rixa (boba!) entre o Upper East e o Upper West. Os moradores do lado leste acham o UWS meio alternativo demais. Já os Upper West Siders consideram o UES careta e esnobe. Nenhum dos dois está 100% certo ou 100% errado, claro. Fato que os bairros apresentam diferenças de estilo, sendo que o UWS tem uma aura mais "sussa". As ruas são bonitas e arborizadas. É uma área essencialmente residencial (repleta de brownstones e prédios tombados) bem família (em geral, mais jovens) – aliás, foi ali que morei por uns anos logo que me mudei para cá. Apesar de uma vida cultural agitada (o Museu de História Natural e o Lincoln Center), acho que falta um bom museu de arte. Tem restôs bons, mas uma vida noturna pacata. Ou seja, bom para curtir o dia; anoiteceu, pode se mandar. Fãs de jazz devem visitar a Miles Davis Way, na W 77th St, onde, no número 312, morava o músico.

Entre Central Park West e o Rio Hudson, da W 59th St a W 110th St.

PELÍCULA

Na minha singela opinião, um dos melhores cinemas para blockbusters hollywoodianos é o **AMC Loews Lincoln Sq 13**, com muitas salas, inclusive uma IMAX enorme. Pipoca na mão e bom divertimento!

1998 Broadway, entre E 67th St e E 68th St (212-336-5020). www.amctheatres.com/LincolnSquare

 TEM QUE VER

ENTRANDO NO CENTRAL PARK PELA CENTRAL PARK WEST COM A 72ND ST, VOCÊ PODE VER NO CHÃO UMA HOMENAGEM A JOHN LENNON – O FAMOSO CÍRCULO "IMAGINE", DE LADRILHOS PRETOS E BRANCOS. SEMPRE TEM GENTE ALI, OFERECENDO FLORES E VELAS PARA O QUERIDO BEATLE.

> WEST VILLAGE

Também conhecido como Greenwich Village, hoje é uma das áreas mais chiques da cidade. Para mim, sinceramente, a mais chique. É uma das poucas regiões que mantêm em bom estado as suas townhouses (aquelas casas que parecem um predinho, em geral de quatro andares, da arquitetura inglesa) – tem cada uma tão linda, de babar. Todas com janelões dando para as ruas, todas cheias de árvores. Não é à toa que Juliane Moore mora lá, Sarah Jessica Parker também – e a lista de celebs é infindável. Os restaurantes são todos na linha bistrô/café, superaconchegantes. Interessante pensar que essas ruas, em especial a Christopher St, foram berço do movimento gay nos anos 1960. Essa comunidade ainda é forte no bairro, mas o movimento chique tomou conta. Uma mistura curiosa que vale a pena conferir.

Entre 6th Ave e o Rio Hudson,
da W Houston St a W 14th St.

> BROOKLYN

Hoje o hype em torno do Brooklyn é inegável, e o distrito, apesar de meio fora de mão para quem está em Manhattan, é destino certo (e moradia) de toda uma cena modernetz daqui. Então aqui vai um resuminho de alguns dos bairros bacanas da região:

PARK SLOPE

Bairro supergracinha, cheio de townhouses, especialmente na bela Eastern Parkway. A área tem vários atrativos: Prospect Park (pág. 270 – vem daí o nome do bairro), Brooklyn Botanic Garden (pág. 264) e o Brooklyn Museum (pág. 264), entre outros. Uma grande população judaica mora ali.

GREENPOINT

Pedaço do Brooklyn que foi colonizado pelos poloneses. Atualmente tem um monte de restaurantes e brechós abrindo por lá. Eu sinceramente acho longe, mas se você tiver tempo e disposição, vale a pena explorar.

DUMBO

Área considerada chiquezinha que fica bem colada à Brooklyn Bridge. É onde a ponte desemboca quando você chega no Brooklyn. Bons bares e restaurantes, ótimas lojas de decoração e antiquários — e uma das vistas mais lindas de Manhattan. Ah, sabe por que o nome Dumbo? É um acrônimo para Down Under the Manhattan Bridge Overpass. Ou seja: a sigla define exatamente a posição geográfica do bairro. How cool is that?

> WILLIAMSBURG

Pertinho de Manhattan, é o destino preferido de uma galera antenada (os tais "hipsters", termo que esse mesmo pessoal provavelmente rejeita), que tem bode dos preços estratosféricos da ilha. Cheio de restôs, bares, clubes e lojinhas independentes, está rapidamente se transformando com arranha-céus espelhados, hotéis 5 estrelas e um povo mais arrumadinho – para desespero dos moradores originais da região. Mas ainda tem uma atmosfera diferente, mais desencanada e que transpira criatividade e empreendedorismo. Caminhar pelo bairro é descobrir uma outra Nova York.

 TEM QUE VER

TEM VÁRIAS DIDICAS DE WILLIAMSBURG NESTE GUIA. PARA SABER TODAS É SÓ DAR UMA OLHADA NO ÍNDICE POR BAIRRO (PÁG. 276).

A vista do skyline de Manhattan, muitas vezes, é de tirar o fôlego — aliás, um bom ponto para curtir o pôr-do-sol tendo os prédios como moldura é o East River Park. Nos fins de semana, quando o Flea Market (mercado de pulgas) e o Smorgasburg (feirinha gastronômica) tomam conta das ruas, a coisa é bastante animada. Passo cada vez mais tempo por lá e sempre fico positivamente impressionada. Um drink no rooftop bar do Wythe Hotel (pág. 119), um cappuccino da Bakeri (pág. 148), o brunch do Egg (pág. 125) e um show no Brooklyn Bowl (pág. 177) são programas deliciosos.

Vá que vale a pena! Para chegar, dá para cruzar a Williamsburg Bridge de bike saindo do Lower East Side. De Union Square são apenas três paradas de metrô na linha L até a estação de Bedford. Tem ainda o East River Ferry, que sai do píer da E 35th St, perto das Nações Unidas.

 www.eastriverferry.com
www.brooklynflea.com
www.smorgasburg.com

> BOAS MANEIRAS

Antes de você sair pagando mico por Nova York, ouça a voz da experiência. A Big Apple tem todo um código de regras de etiqueta a ser respeitado que, se você seguir, vai no mínimo facilitar a sua viagem. E, no máximo, você vai poder pagar de gatinho(a) fingindo ser um(a) "real New Yorker", hehehehehe.

GORJETA

Não adianta chorar porque aqui é obrigatório dar 15% de gorjeta. Não 10% ou o que você achar que deve. Sorry, mas é assim e eles ficam ofendidos, acham que rolou algum problema se você dá menos — e vêm até tirar satisfação para saber por que você não pagou o que devia (ai! Papelão!). Eu sei que na hora é difícil calcular porcentagem, mas um bom atalho é você dobrar o imposto local de 8,875% cobrado na conta. A taxa vem especificada na notinha. É só multiplicar por dois.

RESERVAS

Sempre! Nem adianta ir a um lugar badalado ou destino turístico em Manhattan sem reservar antes — a não ser que seu intuito seja ficar horas esperando. Então, nunca se esqueça de se informar melhor, seja via site, telefone, Twitter, Facebook ou Open Table (pág. 123) e marcar a mesa que você precisa. Vai evitar muitas dores de cabeça.

METROCARD

Para comprar o Metrocard (passagem), o melhor esquema são os caixas automatizados na entrada de cada estação, que aceitam notas de dólar e cartão de crédito. Se você ficar no mínimo uma semana, super vale a pena comprar os cartões de "unlimited ride" – no verão tem ar-condicionado, no inverno tem aquecedor; e em qualquer das estações, o metrô nova-iorquino é uma eficiente (e barata) maneira de cruzar grandes distâncias na cidade.

METRÔ

Coisas para você se ligar de cara e não fazer feio: quase toda estação tem duas entradas, uma para Uptown e outra para Downtown (as linhas "horizontais" – leste-oeste – também têm entradas opostas, normalmente). Outra: nunca espere bom humor e hospitalidade no guichê de atendimento. O pessoal, em geral, é bem ríspido! Tente se virar com o mapa ou perguntar para algum passageiro. Ah, e uma coisa que você NUNCA deve fazer: ficar parado na escada rolante do lado reservado para quem tem pressa e quer subir andando. Não vá ficar sossegadão lá, hein?

Eldad Carin

TÁXI

Pegar táxi em Manhattan exige todo um traquejo. Primeiro, nunca se sente na frente, a não ser que esteja num grupo de quatro pessoas. Segundo, não estranhe se o taxista sair tagarelando no celular logo depois que você passar o endereço. Terceiro, espere pelas nacionalidades mais exóticas na direção – e sotaques pra lá de carregados. E, por fim, saiba que você pode sim desligar a telinha de TV chatééérrima na frente do assento. É de enlouquecer! Mas a tela tem uma função muito útil: permite pagar a corrida com cartão de crédito. Ah, importantíssimo: lembre-se de sempre dar uma gorjetinha para o taxista – por mais mal-humorado ou deseducado que ele seja. Senão, prepare-se para uma enxurrada de xingamentos nada agradável!

TEMPERATURA

Prepare-se para encarar do Alasca ao Saara na mesma cidade. Digo isso porque, quando é verão, o ar-condicionado bomba a temperaturas glaciais; quando é inverno, eles põem o aquecedor no talo também. Ou seja, sempre traga na mala pelo menos um look completo para a estação oposta à da época em que você está vindo. Vai poupar um bom sufoco.

O SENTIDO DAS RUAS E AVENIDAS

Manhattan é uma cidade planejada – por isso, quando você olha o mapa, ela parece toda quadriculadinha (o plano original de divisão de ruas e avenidas data de 1811, acredita?!). Uma das coisas mais práticas da ilha é que, na maior parte dela, as ruas e avenidas têm números e não nomes. E tem uma lógica fácil de entender: as ruas ímpares têm o fluxo para o sentido oeste; as ruas pares, para o leste. Já as avenidas, todas as ímpares ao lado oeste da Broadway descem, e as pares sobem. No lado leste da Broadway, é o contrário. A Quinta Avenida divide a ilha ao meio no sentido leste-oeste. A Broadway é uma avenida diagonal, que praticamente cruza a ilha toda (e, assim, cria alguns focos de confusão, por causa da confluência de ruas, como em Times Square). Algumas das principais ruas de mão dupla que cruzam a ilha de leste a oeste e vice-versa (as chamadas "crosstown") são 14th, 23rd, 34th, 42nd, 57th, 72nd, 79th, 86th e 96th Sts. Tá bom, não é assim fácil, mas já ajuda. Pior em Downtown, abaixo da 14th St, onde as ruas começam a ter nome e fazem curvas! Aí é confiar no Google Maps e, no mais, se vire! kkkk.

CITI BIKE

Disponíveis 24 horas por dia, sete dias da semana nos 365 dias do ano, as bicicletas do Citi Bike estão espalhadas por 330 pontos da cidade, no esquema "pega em uma estação, larga na outra". Portanto, perfeito para quem precisa cruzar distâncias – pequenas ou grandes –, mas não quer perder a cidade de vista. Basta um cartão de débito ou crédito (eles avisam que se o seu cartão internacional não funcionar de primeira, é só tentar algumas vezes que acaba rolando). Vale a pena baixar o aplicativo gratuito.

🐦 @CitibikeNYC

www.citibikenyc.com

UBER

Uma das melhores invenções dos últimos tempos, o Uber é um serviço que disponibiliza um "black car" para te pegar onde você estiver e te levar aonde você quer ir. A sensação ao final da corrida é a de que você nem gastou nada, já que o débito é feito automaticamente no cartão de crédito registrado no aplicativo. Claro que o custo é mais alto do que um táxi amarelo, mas o conforto também é outro: os motoristas são educados, os carros são limpos e bem cuidados — até porque eles sabem que os usuários têm o "poder" de enviar sua avaliação para o app. Não se engane, em momentos de caos total (nevasca, rush hour, convenção da ONU etc.) nem o Uber salva. Mas para qualquer outra ocasião... Uber é a solução.

 @uber

 www.uber.com

> BATISMOS DE FOGO

Aqui vai a minha lista de "batismos de fogo". Depois que você passar por essas experiências, estará pronto para ser aceito em Nova York.

BARQUINHO NO CENTRAL PARK

Nada mais romântico e nova-iorquino que uma volta de barquinho no Central Park. Os pedalinhos são mais fáceis – e mais "love is in the air" – que os caiaques, mas dá para alugar os dois na Loeb Boathouse, na altura da 74th St.

CRUZAR A BROOKLYN BRIDGE A PÉ

Se você já viu essa nas pencas de filmes sobre Nova York, não é à toa, né? Atravessar a Brooklyn Bridge a pé é uma experiência única e excelente maneira de ver o skyline de Manhattan em toda a sua magnitude. ❤

COMER HOT DOG EM QUALQUER ESQUINA

Da madame ao mendigo, todo New Yorker que se preze degusta esta maravilha das ruas: o cachorro-quente. Rapidinho, barato e delicioso!

COMER PRETZEL EM QUALQUER ESQUINA

O pretzel é um petisco judaico que ganhou tanta popularidade aqui que quase todo carrinho de hot dog também vende. Peça um com bastaaaaante sal!

JOGO DOS KNICKS

É o time oficial de basquete da cidade. O povo é vidrado nele. Saber o último placar vai catapultar você entre os nova-iorquinos. Ter visto um jogo ao vivo, então...

SER MALTRATADO POR UM TAXISTA

Nem espere aquela simpatia brejeira do taxista brasileiro. Aqui eles vão fazer de tudo para não saber o endereço onde você vai, vão ficar falando no celular o tempo inteiro e podem até reclamar que você não explicou direito onde queria ir. Daí você paga pela corrida, mal sai do carro e eles já estão com o pé no acelerador para partir. Sorry, mas é assim. Welcome to New York! ;-)

CORRER NO RESERVOIR DO CENTRAL PARK

Nova-iorquinos são obcecados por malhação e muitos deles queimam a neurose correndo nas trilhas em volta do Jacqueline Kennedy Onassis Reservoir, o megarreservatório de água entre a 86th St e a 96th St. Aproveite para estrear aquele tênis novo que você comprou aqui.

LIQUIDAÇÕES PODEROSAS

Uma das melhores coisas aqui é encontrar aquela arara escrita "SALE". A-m-o! Tem umas que são instituições nova-iorquinas, como a Black Friday (um dia depois do Thanksgiving, no final de novembro, que abre a temporada de liquidações natalinas) e a Memorial Day Sale (toda última segunda de maio, feriado que homenageia os soldados mortos em guerras americanas). Se acabe!

TEM-QUE-VER

ESTA SEÇÃO NÃO TEM MUITA EXPLI-
CAÇÃO, A NÃO SER UMA SÓ: NOVA
YORK TEM UMA SÉRIE DE COISAS
QUE VOCÊ TEM QUE CONFERIR PARA
PODER DIZER QUE CONHECE A CI-
DADE DE VERDADE. MUITAS VEZES
VOCÊ VAI ENCONTRAR MULTIDÕES,
O FRIO VAI SER ABSURDO (OU O CA-
LOR MEGAÚMIDO NOS MESES DE
VERÃO), MAS, JÁ QUE VOCÊ SE DEU
AO TRABALHO DE VIAJAR ATÉ AQUI,
ARREGACE AS MANGAS, PREPARE A
SOLA DO SAPATO (TÊNIS É MELHOR
NESSE CASO, NÉ?) E FAÇA O ROTEIRO
A SEGUIR.

> BROOKLYN BRIDGE

Construída em 1883 e toda sustentada por poderosos cabos de aço, é a ponte que conecta Manhattan ao Brooklyn, passando por cima do East River (uma das fronteiras que separam a ilha do continente). Bem, tem as outras pontes também – a Manhattan Bridge ou a Williamsburg Bridge (aliás, didica aqui: as pontes seguem a ordem BMW, do sul ao norte – foi assim que eu decorei. Ou seja, a primeira ponte, mais ao sul, é a Brooklyn e por aí vai), mas a Brooklyn Bridge é a mais cult de todas (e presente em várias cenas antológicas do cinema americano).

Chegando no lado do Brooklyn, você enxerga as outras pontes cruzando o rio e dá para ver a magnitude da cidade em todo o seu esplendor. Nossa, parece letra de samba enredo, né? Mas quero ver se você vai lá sem soltar um belo UAU! E se o relacionamento tá precisando de uma aquecida extra, é uma boa também. Impossível o casal chegar lá e não sentir vontade de dar aquele beijo de cinema. :-)

ACHO TUDO

Além de cruzar a ponte a pé, outra boa opção é alugar uma bicicleta para fazer o mesmo trajeto. Existe uma faixa exclusiva para as magrelas, lado a lado com a de pedestres. Aliás, pedalar por Nova York é um programa e tanto, e a Brooklyn Bridge é só um dos lugares bacanas para visitar em cima de duas rodas.

ACHO CAÍDO

Atravessar a ponte a pé na ida é empolgante, mas na volta, como diria o nosso anti-herói Macunaíma, "ai, que preguiça!".

City Hall Ⓡ④⑤⑥

> CENTRAL PARK

Quem nunca ouviu falar do Central Park, não é mesmo? Bem, saber dele é uma coisa, experienciá-lo é outra. O parque é um mundão de opções de lazer para os nova-iorquinos e para todo mundo que vem de fora. Aqui vão minhas razões para justificá-lo na minha lista de lugares obrigatórios: as arquetípicas carruagens (tadinhos dos cavalos, mas...), o carrossel (as crianças a-do-ram!), o Wollman Rink (rinque de patinação que funciona no inverno), o Victoria Garden (parque de diversões que funciona no verão), o Sheep Meadow (um gramadão tipo "praia", onde todo mundo faz piquenique, deita, lê, namora e curte o visual dos prédios emoldurando o parque), o passeio de barquinho no Boat Pond, o Jacqueline Kennedy Onassis Reservoir (cenário típico de vários filmes e seriados de TV, como Sex and the City) etc. etc. etc. Te convenci?

ACHO TUDO

O Central Park é o melhor cenário da cidade para observar as diferentes estações do ano. As cores e os sons mudam. No outono, o visual do parque é indescritível, com as folhas das árvores em todas as tonalidades de amarelo, laranja e vermelho. As cerejeiras, na primavera, também são um visual à parte. E não dá nem para comentar a beleza do parque quando neva.

ACHO CAÍDO

A sinalização dentro do parque, que muitas vezes carece em não indicar o que é leste, oeste, sul e norte. Mesmo conhecendo bem o parque, se você não prestar atenção, pode acabar se perdendo pelos caminhos sinuosos!

🐦 @CentralPark_NYC

🌐 www.centralpark.com

> COLUMBUS CIRCLE

Nos EUA, Cristóvão Colombo é "Christopher Columbus" (deram uma bela americanizada nele!). Portanto, o nome já diz tudo, né? Feita em homenagem ao descobrimento da América (meio bizarro que os americanos clamem Colombo para si, né?), o Columbus Circle é uma rotatória gigante, com uma praça no meio, que anuncia o começo do Upper West Side. Em torno dele também ficam o Museum of Arts and Design (MAD – pág. 93) e o Time Warner Center, um complexo de lojas e restaurantes bem completo, o The Shops at Columbus Circle. Não sou muito fã de shopping center – ainda mais em Nova York, onde é uma delícia andar a pé, mas de vez em quando (nevasca ou ventania braba, por exemplo) quebra um bom galho. No Time Warner Center, vale visitar o Whole Foods, supermercado com uma seleção incrível de produtos orgânicos e comidinhas prontas deliciosas.

ACHO TUDO

O visual incrível do Central Park subindo até o lobby do hotel Mandarin Oriental, que fica no 35º andar da torre norte do Time Warner Center.

ACHO CAÍDO

Atravessar a rua ali é meio complicado, os faróis e as faixas são todos meio confusos. Atenção dobrada, hein?

OS CAÇA-FANTASMAS (1984)

É no Columbus Circle que o monstrão de marshmallow de "Os Caça-Fantasmas" começa a destruir a cidade para pegar a Sigourney Weaver no apartamento dela, na Central Park West, a avenida que ladeia o Central Park do lado oeste. Já viu? Se não viu, veja, porque esse é um dos clássicos nova-iorquinos do cinema. Super anos 1980, hahaha!

THE SHOPS AT COLUMBUS CIRCLE
UWS: 10 Columbus Circle – Broadway, entre W 58th St e W 60th St (212-823-6300).

🐦 @TimeWarnerCtr

🌐 www.theshopsatcolumbuscircle.com

WHOLE FOODS MARKET

🐦 @wholefoodsnyc

🌐 www.wholefoodsmarket.com

59 St – Columbus Circle
Ⓐ Ⓒ Ⓑ Ⓓ ①

> EMPIRE STATE BUILDING

É "o" cartão de visitas da cidade e retrato do espírito empreendedor nova-iorquino, de querer alcançar o céu, de atingir o limite da civilização. São 102 andares, com mirantes e vistas fantásticas lá em cima. Só fique ligado na previsão do tempo, porque, se estiver nublado ou frio demais, a viagem perde boa parte da graça. E também pense duas vezes se você tiver labirintite ou outros problemas de ouvido, já que a pressão ao subir ou descer de elevador é muito forte e pode agravar seu problema.

 ACHO TUDO

As luzes que iluminam sua fachada externa mudam de tom de acordo com datas come-morativas, fazendo várias combinações. Repare: o topo do prédio vai mudar de cor algumas vezes enquanto você estiver aqui.

 ACHO CAÍDO

O endereço do prédio não é assim a coisa mais oportuna do mundo. Socado numa área extremamente comercial e, a não ser que você queira ver as liquidações da Macy's (quem nunca foi cafona que atire o primeiro pinguim de geladeira), não tem muito para fazer ali.

 Midtown: 5th Ave, entre W 33rd St e W 34th St (212-736-3100).

 34 St – Herald Square
 B D F M N Q R

🐦 @EmpireStateBldg

 www.esbnyc.com

O Observatório fica aberto todos os dias do ano, das 8h às 2h (o último elevador sobe à 1h15). Há dois andares para visitar, o 86º e o 102º (que exige uma entrada extra). Quem não quiser ficar horas na fila pode comprar os ingressos pela internet e há a opção de um Express Pass, que dá direito a entrar na ponta da fila. Românticos devem ir à noite, de quinta a sábado, entre as 22h e 1h. Há um saxofonista que toca a música que o casal pedir. E, last but not least, tenha paciência com o pessoal da segurança, que é chato igual ao do aeroporto. Detalhe: é proibido ir fantasiado, just in case, ok?

SE VOCÊ QUISER SUBIR NA VIDA...

UMA VEZ AO ANO, ROLA A EMPIRE STATE RUN-UP, UMA CORRIDA PELAS ESCADAS DO EDIFÍCIO, DO TÉRREO ATÉ O 86º ANDAR. SÃO 1.576 DEGRAUS E O RECORDE, ATÉ HOJE, É DE UM AUSTRALIANO, EM 2003, QUE SUBIU TUDO EM IMPRESSIONANTES 9 MINUTOS E 33 SEGUNDOS.

> ESTÁTUA DA LIBERDADE

Ih, eu falei ali atrás do Empire State, mas agora tô dividida, porque esse é outro símbolo máximo de Nova York. Então, eu diria assim: o troféu de prédio mais icônico fica para o Empire State e o de monumento mais importante vai para a Estátua da Liberdade, que foi doada pelos franceses aos EUA em 1886 com o objetivo de estreitar os laços entre as duas nações. A estátua fica na Liberty Island, extremo sul de Manhattan. Para chegar lá há um barco que sai do Battery Park e leva alguns minutos. Não tem absolutamente NADA para fazer na ilha, a não ser ver a estátua de perto, mas vale a pena – mesmo imaginando que ela é enorme, só de perto você tem a noção de quão grandioso é o monumento!

ACHO TUDO

Dá para subir até a coroinha da Sra. Liberdade e ver toda a pontinha sul de Manhattan. Mas, para isso, é preciso fazer reserva dos ingressos com antecedência e estar preparado para subir 354 degraus!

ACHO CAÍDO

O tamanho da fila para pegar o ferry. Primeiro, imagine que o mundo inteiro está se enfileirando para ver o monumento – 4 milhões de visitantes por ano, para ser mais exata. Some-se a isso o fato de que, para poder visitar a estátua, cada pessoa tem que passar pelo sistema de raios X, como em um aeroporto. Sentiu o drama?

  South Ferry Ⓡ ①

www.nps.gov/stli

A entrada na Liberty Island é gratuita, mas é preciso pagar o trajeto de ferry até lá. Reserve o ticket com antecedência no site do Statue Cruises para ficar menos tempo na fila de espera. Aproveite para reservar também a entrada de acesso à coroa da estátua no mesmo site. A sugestão é fazer o programa de manhã cedo, aproveitando o tempo para visitar também a Ellis Island. Há várias saídas de Battery Park durante o dia, mas a frequência dos barcos varia bastante, conforme a estação do ano. Nos meses de verão, circulam a cada 20 minutos. No inverno, a cada hora. Dê uma olhada no site ou ligue para 877-523-9849 para confirmar. Funciona todos os dias da semana. Verifique como está o clima antes de sair do hotel no @StatueLibrtyNPS.

🐦 @StatueCruises

 www.statuecruises.com

> GRAND CENTRAL TERMINAL

Eu nunca tinha visto algo assim até me mudar para Nova York. A Grand Central é um complexo gigantesco, no centro da cidade, inaugurado em 1903 e de onde saem todos os trens da Metro-North Railroad. Ali também passam as linhas 4, 5 e 6 do metrô, mais a 7 e a S – que leva de lá a Times Square. Se ligue nesta dica, porque a linha S é, ao lado da L (que vai para o Brooklyn), o único jeito de cruzar Manhattan no sentido leste-oeste e vice-versa. É também a maior do mundo na categoria número de plataformas: 41 delas em dois níveis, com 67 pares de trilhos ao todo. Tadinha da nossa humilde (mas também bela) Estação da Luz, só com 11 linhas.

ACHO TUDO

A pintura do teto do Main Concourse (a área principal, onde estão os guichês de venda de bilhetes e o quiosque de informações). O mural, concebido em 1912 pelo francês Paul César Helleu, toma conta de toda a extensão do teto e traz uma representação das constelações. Lembra os afrescos renascentistas. Fizeram um remendo mal-ajambrado nele nos anos 1930, outro nos 1950, mas, graças a Deus, o restauraram novamente na íntegra em 1998.

ACHO CAÍDO

Para quem nunca foi, é meio difícil se entender de primeira na estação. E como muita gente compra tudo pela internet, eles acham que você já viu tudo online e, portanto, sabe como e onde ir. Não tenha medo de gritar "justiça!" no quiosque de informações se estiver perdido.

Midtown: 42nd St, esquina com Park Ave (entrada principal).

Grand Central

 @GrandCentralNYC

 www.grandcentralterminal.com

 **POR FAVOR, REBOBINE**

MADAGASCAR (2005)

Você provavelmente já assistiu a essa animação superfofa da Dreamworks em que os animais escapam do zoológico em Nova York, certo? Uma das minhas cenas favoritas é aquela em que a velhinha enfrenta os bichos no braço, no meio da estação de trem. Essa estação é uma reprodução bem fiel da Grand Central. Repare quando passar pelo saguão principal.

> HIGHLINE PARK

Projeto superinovador de um parque urbano. É como um jardim suspenso que sai do Meatpacking District até o Chelsea, todo em cima de um viaduto que antes servia de base para uma linha de trem. O projeto arquitetônico que repaginou aquilo tudo é nota 1.000, com uma série de entradinhas, cadeiras para tomar sol, jardinzinhos que saem do concreto, mas preservando as cercas e trilhos de ferro originais do século 19. Genial!

MePa/Chelsea: o parque é paralelo à 10th Ave – aberto diariamente, das 7h às 20h.

8 Av – 14 St Ⓐ Ⓒ Ⓔ Ⓛ

@highlinenyc

www.thehighline.org

ACHO TUDO

A parte do parque que passa por dentro do Standard Hotel, muito futurista, além de ser a única área de sombra. Boa pedida para um dia de calor intenso. Adoro também o sorveteiro que se instala ali nos meses de verão – ele vende sorbets incríveis.

ACHO CAÍDO

Aquilo se chama de parque, mas não tem área para correr, andar de bicicleta ou fazer piquenique. É mais uma "passarelona" do que um parque propriamente dito.

> HUDSON RIVER PARK

No lado oeste da ilha, ao longo do Rio Hudson (que separa Manhattan de New Jersey), foi construída uma área pública que começa na 59th St e segue até o Battery Park. Na estreita faixa que beira o rio, dá para correr, andar de bicicleta, de patins, ou simplesmente sentar nos bancos e apreciar a paisagem. Tem também os píers com várias coisas rolando (aulas de ioga de graça, apresentações musicais, parquinhos), ou seja, é uma experiência completa "em si". Também é um ótimo exemplo de aproveitamento do espaço urbano, que só os americanos sabem fazer (ai, "paguei pau", né? Mas merece!). Dá vergonha de pensar nas marginais fétidas de São Paulo. O Hudson River Park é daquele tipo de área urbana que – da vovó ao bebezinho – todo mundo aproveita e sai feliz.

ACHO TUDO

A região do Chelsea Piers, originalmente usada para os navios e que hoje virou um megacomplexo de atividades, que vai de ginástica a escalada, golfe e boliche. Tem até duas pistas de patinação no gelo.

ACHO CAÍDO

Tirando os meses de verão, o vento ali é de cortar a alma. Vista o dobro de roupas de frio se for visitar a região nos meses de inverno (dezembro a março).

 @HudsonRiverPark

 www.hudsonriverpark.org

> QUINTA AVENIDA – 5ᵀᴴ AVENUE

A Quinta Avenida – que cruza Manhattan do Harlem até Washington Square – divide oficialmente a ilha em leste e oeste e é também o ponto zero para a numeração de prédios e casas (os números aumentam à medida que se afastam dela). No trecho entre 49th St e 60th St – um dos metros quadrados mais caros do mundo – ficam as lojas mais luxuosas e conhecidas da cidade. Estão por ali a famosa joalheria Tiffany's (imortalizada no filme "Breakfast at Tiffany's", com Audrey Hepburn), as lojas de departamentos Bergdorf Goodman e Saks, além das "flagship stores" (ou lojas-conceito) de marcas como Gucci, Bulgari, Prada, entre várias outras maisons. Na época do Natal, então, as lojas montam as vitrines mais incríveis, que viram pontos turísticos disputadíssimos. Um pouco acima, na parte da avenida que ladeia o Central Park, ficam os prédios residenciais mais valorizados da cidade, e passando ali dá para visualizar claramente e entender o que é o "viver bem" nova-iorquino.

ACHO TUDO

O pedaço da Quinta Avenida conhecido como Museum Mile, que leva esse nome por ser onde ficam alguns dos principais museus da cidade (Metropolitan Museum, Guggenheim e Neue Galerie, entre outros). Passeie por ali e saia mais inteligente, hahaha!

ACHO CAÍDO

O trânsito de pedestres na Quinta Avenida em dezembro é insuportável! Para se ter uma ideia, perto da Saks a prefeitura coloca até barricadas para evitar que as pessoas caiam para fora da calçada em cima de algum carro. Imagina tentar ir no sentido contrário? Você corre o risco de ser atropelado por uma pessoa mais afoita.

O Observatório Top of the Rock, com ótimas vistas do skyline da cidade, abre todos os dias, das 8h à meia-noite, e fica no 60º andar. A entrada é pela W 50th St.

 www.topoftherocknyc.com

ACHO TUDO

As 200 bandeiras que ficam em torno do vão central, representando os países que fazem parte das Nações Unidas. Um exemplo simbólico de que o mundo pode, sim, ser um só.

ACHO CAÍDO

A NBC grava ali, todos os dias, flashes ao vivo para o seu Today Show, uma das coisas mais cafonas que a TV americana já fez. Parece programa popular dos anos 1980, argh!

> ROCKEFELLER CENTER

A família Rockefeller é um dos clãs mais tradicionais de Nova York e, consequentemente, dos EUA. O complexo de 19 prédios comerciais (vários deles verdadeiras joias vivas do art déco dos anos 1930) é um dos presentinhos deles para sua cidade natal. O Rockefeller Center ocupa uma área de quase 90 mil metros quadrados em Midtown e tem de tudo: restaurantes, lojas, praças etc. É ali também que todo inverno montam a tradicional árvore de Natal (enorme, linda e toda iluminada) e a pista de patinação no gelo. Ok, ok, dei dois exemplos meio manjados, mas também emblemáticos da proporção que o Natal ganha aqui em Nova York.

Midtown: *entre* 5th Ave, W 48th St, 6th Ave e W 51st St.

47-50 Sts Ⓑ Ⓓ Ⓕ Ⓜ

 @rockcenternyc

 www.rockefellercenter.com

> SAINT PATRICK'S CATHEDRAL

Nem vem me achar carola porque eu tô mandando ver igreja, tá? Primeiro porque nem católica eu sou (nada contra), segundo porque não é por nenhum motivo metafísico que eu estou indicando essa. Mas se trata da maior catedral da cidade, toda em estilo neogótico e está ali desde 1878 – no meio das lojas da Quinta Avenida e colada ao Rockefeller Center –, com capacidade para mais de duas mil pessoas. Imagina, a catedral ocupa um quarteirão inteiro! Então vá dar uma olhada, porque ela também foi tombada como patrimônio histórico nacional e vale a espiada. O horário das missas é muito variado, principalmente em datas comemorativas católicas. Veja no site se quiser escutar o órgão e o coral. Tomara que, quando você estiver em Nova York, a reforma da fachada (que parece não terminar nunca) esteja pronta!

ACHO TUDO

Os vitrais que reproduzem a mesma sensação de entrar nas igrejas góticas da Europa.

ACHO CAÍDO

O órgão original do século 19 foi substituído por uma versão "moderna" nos anos 1990.

Midtown: 5th Ave, entre E 50th St e E 51st St.

5 Av – 53 St 🄴🄼

www.saintpatrickscathedral.org

ACHO TUDO

O calçadão para pedestres no pedaço em que antes passavam carros, na confluência da 7th Ave com a 42nd St. Era uma confusão danada para os carros e para o pessoal a pé. Agora finalmente tem uma área para tirar fotos e até mesmo se sentar sem ser atropelado por uma multidão de japoneses tirando foto até do seu sapato. Affff!

ACHO CAÍDO

O evento de comemoração de Ano Novo por lá, tumultuado e com shows meio duvidosos, tipo Mariah Carey. E aquela bola caindo do prédio, que eu não entendo bem qual é a proposta. Sorry, EUA, mas Ano Novo em Copacabana é bem mais bonito e alto-astral.

> TIMES SQUARE

Eu poderia resumir a experiência de ir pela primeira vez à Times Square com três letrinhas: BAM! É assim que fica nossa cabeça quando se vai lá pela primeira vez. É tanto neon, LED, cartaz e tudo mais que deixam a gente tonta. Mas tá aí a graça da história toda: essa confusão de símbolos e luzes. É em torno dela que ficam também os musicais da Broadway, as mil e uma lojas (Hershey's, M&M's, NBA, Toys 'R' Us, Disney), o museu de cera Madame Tussauds. Quando olhar para cima, não deixe de notar os letreiros icônicos da Coca-Cola, da Toshiba, da NASDAQ. Eu poderia gastar meu rico português aqui horas, mas essa é uma experiência que só os olhos podem captar em sua totalidade. Só se prepare para o formigueiro humano – são mais de 26 milhões de visitantes por ano passando por ali.

Midtown: o "epicentro" é o cruzamento da Broadway com a 7th Ave e W 44th St.

42 St

🐦 @TimesSquareNYC

🌐 www.timessquarenyc.org

> UNION SQUARE

ACHO TUDO

É ela que anuncia a chegada a Downtown. Uma praça grande, cheia de bancos, gramadinho e frequentada por estudantes, loucos de plantão, músicos de rua e curiosos a rodo. Ela é rodeada por várias coisas legais para fazer – tem a livraria Barnes and Noble, alguns restozinhos bem charmosos e, tirando a Times Square, tem a estação de metrô mais útil de Manhattan e também Wi-Fi gratuito. Ao longo do ano, também tem uma série de intervenções de artistas plásticos ao ar livre, não se esqueça de olhar com atenção os gramados quando passear pela área. Outro endereço superpertinho dali é o Irving Place, antro dos riquinhos de Downtown e muito lindo para visitar. Parece um pedaço perdido da Inglaterra vitoriana, com seus prédios de tijolinhos vermelhos.

ACHO TUDO

O Green Market, um mercado de produtos orgânicos fresquinhos a céu aberto que ocupa as calçadas da praça todas as segundas, quartas, sextas e sábados, das 8h às 18h. Uma instituição nova-iorquina e boa oportunidade de encontrar na cidade um pão sem conservantes ou docinhos sem corantes – algo difícil nos EUA, como você deve imaginar.

ACHO CAÍDO

O conjunto de corredores de barracas que eles montam na temporada de Natal – só tem cacareco sem nenhuma utilidade. Eu, nesses cinco anos que morei aqui, nunca consegui comprar nem um grampo de cabelo lá. Não perca seu tempo.

Midtown: *entre E 14th St, Park Ave South, E 17th St e Broadway.*

Union Sq ⓁⓃⓆⓇ ④⑤⑥

@UnionSquareNY

www.unionsquarenyc.org

ARTISTAS DE METRÔ

A PARADA DE METRÔ DA UNION SQUARE
É, SEM DÚVIDA NENHUMA, O REDUTO
DAQUELES QUE AQUI CHAMAMOS DE
"SUBWAY ARTISTS". ENTÃO, QUANDO ESTIVER
DENTRO DELA, NÃO DEIXE DE NOTÁ-LOS.
ALGUMAS DIDICAS: O CLONE ABSURDO
DO MICHAEL JACKSON, O CARA QUE FAZ
PERCUSSÃO COM BALDES DE PLÁSTICO E
TODOS OS CARAS QUE DANÇAM DENTRO
DOS VAGÕES E DESCEM ALI QUANDO O
TREM CHEGA.

> WORLD TRADE CENTER – GROUND ZERO

Em 11 de setembro de 2001, as torres gêmeas do WTC foram destruídas por um dos ataques terroristas mais implacáveis de toda a história, levando consigo milhares de cidadãos inocentes. Muito triste. Mas os americanos deram a volta por cima e transformaram a região, com iniciativas como o National September 11 Memorial & Museum, em homenagem às vítimas do atentado, e o One WTC, que hoje ocupa a primeira posição no pódio de prédios mais altos do Ocidente. Tem mais: com previsão de abertura para o segundo semestre de 2015, a área também vai receber uma megaestação de metrô projetada pelo superstar Santiago Calatrava e um centro de compras com line-up chic que inclui até Hermès. Seja agora ou no futuro, passeio obrigatório que reúne história, arquitetura e consumo numa tacada só.

Downtown: *na ponta sul de Manhattan.*

Fulton St

@Sept11Memorial

911memorial.org

ACHO TUDO

Ao passear por ali, você automaticamente tem que passar por toda a área da prefeitura, o City Hall, com várias construções neoclássicas gigantes que hospedam os diferentes órgãos oficiais.

ACHO CAÍDO

Apesar das expectativas, ainda tem muita coisa para ficar pronta. Por conta da construção eterna, fica a maior muvuca em alguns trechos, a sinalização é ruim e às vezes o passeio pode deixar a desejar. Um bom consolo: entrar na Century 21 e fisgar um daqueles descontões – mais multidão também, mas pelo menos... com um final feliz. :)

ACHO TUDO

As mais de 1.000 telas HD que eles instalaram para todos os mais de 50 mil torcedores não perderem nenhum lance do jogo. E, para acompanhar a partida, o estádio oferece milhões de opções de comida – churrasco, hot dog, pipoca, pizza. Ok, ok, tudo bem "junk", mas comer assim faz parte do programa. E, já que você vai estar ali, não deixe de comprar um boné azul-marinho com o símbolo dos Yankees – belo souvenir de uma visita a Nova York!

ACHO CAÍDO

Aqui, quando o jogo é ao vivo, eles param a partida toda hora que tem comercial na tevê. Realmente, o dinheiro fala mais alto!!!

> YANKEE STADIUM

Os Yankees são o time de baseball mais popular da cidade e um dos "mais-mais" dos EUA. O estádio original foi construído em 1923, no Bronx. Agora fizeram um novo, atravessando a rua, para ser a casa oficial do time. Investimento megamilionário que fez os Yankees aparecerem com um dos estádios mais high-tech dos últimos tempos. Vale muito a pena ir um dia para ver uma partida de baseball. No começo, como a gente não entende direito, fica falando que é chato e tal, mas ao longo do tempo vai compreendendo melhor as regras, conhecendo os jogadores (tem uns beeeem gatinhos, hahaha!) e vai se afeiçoando. Passeio "American style" que, se eu fosse você, não deixaria de fazer. Ingressos são vendidos no site. Os mais ávidos e curiosos podem ir apenas para visitar o estádio e fazer compras na lojinha.

Bronx: *1 E 161st St (718-293-4300).*

161 St – Yankee Stadium

 @Yankees

 www.yankees.com

> O ANO EM NOVA YORK

Alguns eventos são "true New York experiences", ou seja, verdadeiras experiências nova-iorquinas. Ao programar sua viagem, não deixe de checar, pela internet, a data dos principais eventos da cidade. Aqui vão apenas alguns deles:

NEW YORK MARATHON

É uma das principais maratonas do mundo. Existe desde 1970 e passa pelos cinco distritos que compõem Nova York, até terminar no Central Park. Todo primeiro domingo de novembro.

 @NYCMarathon

www.tcsnycmarathon.org

SAINT PATRICK'S DAY

Imagine um Halloween, só que com todo mundo vestido de verde e com trevos de quatro folhas. É meio assim o dia do santo irlandês em Nova York, que todo ano é celebrado com uma megaparada e festa pelas ruas. Não esqueça que os irlandeses imigraram em massa para os EUA no século 19, então espere ruas cheias de irlandeses bem alegrinhos depois de várias cervejas. No dia 17 de março.

GAY PRIDE

Toda cidade tem sua parada gay, mas tudo começou há mais de 40 anos em Nova York, mais precisamente no bar Stonewall, do West Village, onde aconteceram os primeiros protestos contra o preconceito aos gays nos EUA – e onde o movimento se consolidou. Hoje, a Parada começa na 36th St e termina na Christopher St, onde fica o Stonewall. Ao longo da Parada, carros alegóricos de clubes e organizações simpatizantes se agregam ao desfile, todos celebrando o orgulho gay. No último domingo de junho.

 @NYCPride

🌐 www.nycpride.org

Anton Oparin

NEW YORK FASHION WEEK

Nova York fica ainda mais fervida em época de semana de moda, quando fashionistas do mundo inteiro baixam na cidade para curtir os desfiles e festas bombadas. Se estiver por aqui em fevereiro ou setembro, pode afiar suas táticas para descolar convites e se jogar nos eventos mais bombados.

🐦 @MBFashionWeek

🌐 www.mbfashionweek.com

HALLOWEEN

Andar pelas ruas de Nova York no dia 31 de outubro é outra experiência que só mesmo aqui você vai ter. O povo acredita com tudo no Dia das Bruxas, vai trabalhar fantasiado, vai para a escola com os looks mais absurdos.
Didica: fique na rua mesmo e nem tente ir às festas, todas lotadas e que não valem a espera na fila. Ficar na rua é mais divertido.

BLACK FRIDAY

No dia seguinte ao Thanksgiving, logo no primeiro horário da manhã, rola a famosa e tradicional "Black Friday", que é o dia de liquidação mais radical para os americanos. Queima total de estoques de tudo quanto é loja, inclusive de artigos eletrônicos. Dá para achar boas pechinchas! Mas tome cuidado, já rolaram acidentes horríveis de gente pisoteada na entrada das lojas, tamanho o desespero das pessoas em achar bons "deals".

THANKSGIVING

Feriado essencialmente americano, criado por Abraham Lincoln durante a Guerra Civil americana. Todos os restaurantes fazem menus especiais. Escolha um deles e viva essa experiência. Curiosidade: nos EUA, é nessa data que se come o peru, e não no Natal. Toda última quinta de novembro.

MACY'S PARADE

Nas proporções de um carnaval, esse megadesfile de carros alegóricos e balões flutuantes gigantescos também rola no dia de Thanksgiving. Apesar do nome comercial (a Parade é patrocinada desde os anos 1930 pela loja de departamentos Macy's), é um evento que atrai tanto turistas como os nova-iorquinos legítimos, pois é considerado uma tradição da cidade.

> INFO PARA TODOS

Espalhadas pelas ruas de Nova York, há centenas de bancas e caixinhas com revistas e jornais. Gratuitos ou pagos, dão um bom e moderno mapa da mina dos acontecimentos semanais.

The Village Voice é um jornal em formato de tabloide, sai toda quarta e é gratuito. Já foi epítome de jornalismo alternativo e independente, mas de uns tempos pra cá está mais "mainstream". Ainda assim, continua sendo uma boa referência sobre o que está rolando de interessante em Nova York – inclusive em sua versão na internet, já que o site é atualizado diariamente.

🐦 @villagevoice

🔗 www.villagevoice.com

A revista **Time Out**, que sai toda quarta, é o guia mais completo e atualizado da cidade. A seção "Things to do" ("Coisas para fazer") sempre traz dicas interessantes de programas temporários na cidade. Ah, e as críticas culturais da publicação costumam ser certeiras – portanto, pode confiar quando ler que uma atração é imperdível.

🐦 @TimeOutNewYork

🔗 www.timeout.com/newyork

A **New York Magazine**, filha do new journalism dos anos 1960, é boa referência de crítica. As capas são muito criativas, só de ver já quero comprar. O site traduz bem o conteúdo para o formato online e é superatualizado (são uns dos primeiros a notificar quando um lugar fechou, mudou de mãos etc).

🐦 @NYMag

🌐 www.nymag.com

O **The New York Times** existe desde 1851, conta com articulistas ótimos e faz um jornalismo supercompetente. Tem que ler. Está fazendo bem sua transição para a versão online, mas nada como comprar a edição impressa de domingo, bem "gorda", com direito a cadernos especiais, como o Sunday Styles (de moda) e a ótima revista T Magazine de encarte.

🐦 @nytimes

🌐 www.nyt.com

The L Magazine é uma revistinha que começou no Brooklyn, roteirizando tudo o que acontece em torno da linha L de metrô, que sai da 14th St e mergulha bairro adentro. É uma sugestão para quem quer se aventurar do lado de lá do rio sem dar furo n'água.

🐦 @TheLMagazine

🌐 www.thelmagazine.com

Na linha digital, com o aplicativo **Goings On** da revista **The New Yorker** você tem tudo o que está acontecendo em NY na palma da mão.

📱 GOINGS ON

CULTURAMA

UM DOS PRINCIPAIS ATRATIVOS DA CIDADE É A SUA VIDA CULTURAL. NOVA YORK É MEIO VITRINE DO MUNDO E PODE TER CERTEZA DE QUE QUEM ESTÁ ACONTECENDO NESTA CENA ESTARÁ VENDENDO SEU PEIXE PARA O MUNDO TODO. MAS TEM COISAS QUE VALEM MAIS A PENA DO QUE OUTRAS, TEM COISAS QUE NÃO VALEM NADA A PENA, OUTRAS PARECE QUE VALEM, MAS NÃO VALEM. ENTÃO, VAI AQUI MEU MAPA DA MINA PARA VOCÊ SE DAR BEM SEM SE PERDER NO MEIO DESSE MONTÃO DE OPÇÕES.

> BROADWAY

A gente chama de Broadway aquele pedaço da tradicional avenida que cruza com a Times Square. Chegar à região já é um espetáculo "em si": os letreiros, os cartazes e gente de tudo quanto é canto. É ali que ficam praticamente todos os musicais da cidade. E é aí que mora o perigo, porque tem vários espetáculos, todos se vendendo como a última Coca-Cola do deserto. Mas, na minha opinião, muitos são cafonas. A dica é não deixar para depois um musical que você queira muito assistir, já que foi-se o tempo em que a maioria ficava em cartaz por décadas, como "Cats" e "O Fantasma da Ópera".

ACHO TUDO

É muito fácil chegar lá de metrô, quase todas as linhas param ali.

ACHO CAÍDO

Os ingressos são caros, no geral, em torno de US$ 100 por pessoa.

THE BOOK OF MORMON
Eugene O'Neill Theatre – 230 W 49th St, entre 8th Ave e Broadway (212-239-6200).

 www.bookofmormonbroadway.com

WICKED – A NEW MUSICAL
Gershwin Theatre – 222 W 51st St, entre 7th Ave e 8th Ave (212-586-6510).

 www.wickedthemusical.com

> TKTS

Bem no meio da Times Square tem os guichês do TKTS, que vendem ingressos com desconto para vários shows. Tudo bem, o ingresso mais barato tem lá seus percalços: não dá para comprar com antecedência (é um esquema meio "last minute", de adquirir o que tem disponível para o mesmo dia), tem que enfrentar uma fila meio chata e, se você está em turma, é praticamente impossível conseguir assentos juntos. Mas a sensação de pagar menos pelos ingressos recompensa.

Os guichês ficam abaixo da escadaria vermelha da Father Duffy Square, na Broadway com a 47th St, e funcionam no esquema a seguir:

Matinê (meio ou fim da tarde) no dia da compra: quarta e sábado, das 10h às 14h | domingo, das 11h às 15h | não é possível comprar ingressos para os shows noturnos nesses guichês entre as 10h e as 14h.

Shows noturnos no dia da compra: segundas, quartas, quintas, sextas e sábados, das 15h às 20h | terças, das 14h às 20h | domingos, das 15h até uma hora e meia antes do início do último espetáculo disponível.

Há outros dois guichês TKTS, um em South St Seaport e outro em Downtown Brooklyn, que vendem ingressos para as matinês com um dia de antecedência e para os shows noturnos no dia da compra.

App Store:
o aplicativo TKTS para iPhone e iPad permite verificar a disponibilidade e os descontos de entradas nos três pontos de venda. Assim você só entra na fila se souber que o que quer comprar está à venda.

@TKTS
www.tdf.org/tkts

ACHO TUDO

Checar a programação Off Broadway antes de vir para cá é um "must". O circuito guarda boas surpresas, como peças com propostas arrojadas e inovadoras (caso do Blue Man Group, quando eles começaram) e, muitas vezes, em curta temporada.

ACHO CAÍDO

A não ser que seu inglês seja mega-afiado e que você realmente adore textos clássicos de teatro, não se arrisque. A peça pode ser incrível, mas só vale a pena se essa for realmente a sua "praia".

> OFF BROADWAY & OFF-OFF BROADWAY

Se Broadway originalmente diz respeito à região dos teatros voltados para musicais e peças, fica fácil entender o que é Off Broadway ("fora" da Broadway), não? Mais ou menos, porque "Off Broadway", que já foi sinônimo de peças mais alternativas que reagiam ao "estilo Broadway de ser", já ultrapassou essa barreira há muito tempo. Basta dizer que espetáculos populares hoje em dia – como Stomp, Blue Man Group e Avenue Q – são classificados como Off Broadway. Isso só para citar exemplos que já passaram pelo Brasil. Mas, calma, porque aí surgiu então o termo Off-Off Broadway – onde você encontra peças mais "cabeçudas". Teatros menores, textos bem alternativos, pouca produção e mais conteúdo (muito chato, às vezes!). Basicamente, o que era Off Broadway antes de se popularizar!

Para informar-se sobre o que está em cartaz na cidade, dê uma olhada na Time Out e na The New Yorker.

www.timeoutny.com
www.newyorker.com

SLEEP NO MORE

Misto de teatro, arte performática e casa mal-assombrada, o "Sleep No More" é uma experiência interativa muito interessante. Tudo acontece dentro de um prédio abandonado no Chelsea, em que os cômodos e corredores servem de palco para performances dramáticas e muitas vezes bem ousadinhas. Pasme você, os diretores afirmam que tudo não passa de uma nova interpretação para "Macbeth", de Shakespeare. Didica fundamental: vá com sapatos confortáveis (tem muito sobe-e-desce de escada), e sem medo de se jogar na história. Diversão na certa.

Chelsea: *The McKittrick Hotel – 530 W 27th St, entre 10th Ave e 11th Ave.*

 @sleepnomorenyc

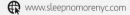 www.sleepnomorenyc.com

ACHO TUDO

A Opera House deles, um exemplo lindo de restauração liderada pelo arquiteto Hugh Hardy, o mesmo que comandou a renovação do Radio City Music Hall e inventou os quiosques do Bryant Park.

ACHO CAÍDO

A linha de metrô que chega mais perto dali (Fulton St) é a G, que é meio, ou melhor, beeeeem difícil de pegar, saindo de Manhattan (melhor pegar os trens que vão até a parada de Atlantic Av – Barclays Ctr e caminhar as cinco quadras até a BAM).

> BROOKLYN ACADEMY OF MUSIC – BAM

Para performances cutting edge – sejam elas peças de teatro, espetáculos de dança, ópera, filmes ou qualquer outra manifestação artística com uma pegada mais "vanguarda" –, tem que ir atrás da programação do BAM. O centro vale cada um dos cerca de 45 minutos de viagem que leva para ir de qualquer ponto de Manhattan aos confins do Brooklyn (mais especificamente Fort Greene). Existe há mais de 150 anos e é um dos pilares culturais mais fortes da cidade.

Brooklyn: *30 Lafayette Ave (718-636-4100)*.

Atlantic Av – Barclays Ctr

 @BAM_Brooklyn

 www.bam.org

> CINE CULT

Esses são os complexos de cinema daqui que mostram filmes mais "fora do circuito". Não que eu não ame um bom blockbuster, mas é nessas salas que você vai encontrar filmes independentes, estrangeiros e festivais temáticos, que só rolam por aqui mesmo e que você só verá no Brasil um tempinho depois.

ACHO TUDO

Além da variedade de festivais que essas salas criam, elas também conseguem originais de vários clássicos do cinema, tipo Hollywood anos 1950, Godard, neorrealismo italiano ou coisas que a gente não tinha nem nascido quando passaram na telona.

ACHO CAÍDO

Nova-iorquino é muito informado e às vezes mal saiu na revista Time Out ou no New York Times e já acabaram os ingressos. Putz, filme é lazer, não compromisso, né?

FILM FORUM
West Village: *209 W Houston St, entre 6th Ave e Varick St (212-727-8110)*.

 @FilmForumNYC

 www.filmforum.org

ANGELIKA FILM CENTER
Noho: *18 W Houston St, esquina com Broadway (212-995-2570)*.

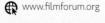 www.angelikafilmcenter.com

IFC CENTER (INDEPENDENT FILM CHANNEL)
West Village: *323 6th Ave, entre Carmine St e W 3rd St (212-924-7771)*.

 @IFCCenter

 www.ifccenter.com

LINCOLN PLAZA CINEMA
UWS: *1886 Broadway, entre W 62nd St e W 63rd St (212-757-0359)*.

 www.lincolnplazacinema.com

ACHO TUDO

Muito interessante pensar que Donald Judd se mudou para o Soho em 1968, época em que a área era ocupada exclusivamente por galpões industriais e era quase considerada como periferia de Nova York –, mas ele e outros artistas resolveram desbravar aquela região ainda tão inóspita, e que hoje é meca do consumo de luxo.

ACHO CAÍDO

Antes mesmo de marcar a viagem, já fique sabendo que uma ida a esse espaço requer planejamento prévio, de no mínimo três meses, para garantir sua entrada. Afinal, só aceitam visitas guiadas, o que se justifica plenamente. O 101 Spring Street (endereço emblemático do prédio) ganha mais sentido a partir das explicações que o orientador fornece.

> DONALD JUDD FOUNDATION

Se você passar na esquina da Spring com a Mercer Street e se perguntar o que faz aquele prédio sem loja nenhuma em um dos pontos mais concorridos do Soho, a resposta é: ali fica a Donald Judd Foundation, responsável por preservar o legado do artista de mesmo nome, que era o dono desse edifício valioso e de um acervo de arte mais valioso ainda (além de obras do próprio, o espaço hospeda trabalhos de supernomes como John Chamberlain e Frank Stella, entre outros). Se você é fã de arte contemporânea e de quebra quer entender melhor a evolução do Soho como bairro ao longo das últimas décadas, não pode deixar de visitar o espaço.

Soho: *101 Spring St, esquina com Mercer St (212-219-2747).*

Spring St ④

www.juddfoundation.org

85

> FRICK COLLECTION

Tirando o Metropolitan Museum, acho esse o melhor passeio para quem quer ver arte "das antigas". Eles têm uma farta seleção de obras-primas da história da arte ocidental, coisinhas tipo Rembrandt, Vermeer, Renoir, Velázquez, Goya, El Greco. Tudo parte da coleção permanente deles. Uma rápida e gostosa aula de arte europeia longe da Europa. Fecha na segunda-feira.

ACHO TUDO

A mansão onde fica a Frick Collection é uma casa linda e enorme feita no começo do século 20. Aliás, repare no filme "Os Vingadores" (The Avengers), de 2012. A casa dos heróis da Marvel é uma reprodução fiel da mansão.

ACHO CAÍDO

A coleção permanente é tudo, mas o ritmo de exposições é meio lerdo, para não dizer parado. Podiam agitar um pouco mais.

 UES: 1 E 70th St, esquina com 5th Ave (212-288-0700).

 68 St – Hunter College

 @frickcollection

 www.frick.org

ACHO TUDO

Entre as maneiras de chegar a Randall's Island, as mais práticas são o barco que sai do píer do East River, na altura da rua 35; e o Frieze bus, cujo ponto de encontro é na frente do Guggenheim Museum. Detalhe: é um school bus, daquele tipo amarelinho das escolas americanas. Me senti a própria estudante em uma excursão de arte, hehehe!

ACHO CAÍDO

A não ser que você queira comprar alguma peça, a experiência de ir a uma feira como a Frieze acaba se resumindo em saber melhor quem são os nomes do momento no mercado de arte. Fica a sensação de que falta uma curadoria mais presente para dar um fio condutor a tudo o que é exibido ali.

> FRIEZE ART FAIR

Nos primeiros dias de maio, não se esqueça de visitar a edição da badalada feira de arte londrina que acontece na Big Apple e que reúne as principais galerias do planeta. Boa chance de ver todo mundo que é "alguém" no mundo das artes, não só nas paredes dos estandes, mas passeando pelos corredores. É possível também cruzar com famosos que colecionam arte e dão pinta ali, atrás de um bom negócio. Tem um shuttle bus que sai da frente do Guggenheim a cada 10 minutos.

Harlem: *Randall's Island Park*.

33 St – Park Ave ④⑥
+ ferry (35th St Ferry Dock).

 @FriezeNewYork

 www.friezenewyork.com

GALERIAS DE ARTE

Muito da (boa) arte em Nova York está nas galerias da cidade. Umas são mais convidativas que outras – algumas ficam de portas abertas nas ruas, outras se "escondem" dentro de prédios e tem até porta blindada, tá? É nelas que fica muito da produção atual, coisas que você não vai ver nos museus. Não cobram entrada, e domingo e segunda são os dias em que todas fecham.

ANDREA ROSEN

Chelsea: 525 W 24th St, entre 10th Ave e 11th Ave (212-627-6000). www.andrearosengallery.com

Na cena da arte nova-iorquina, que é, em grande parte, dominada pelos homens, a galerista Andrea Rosen é boa representante das mulheres-marchands. Entre os seus destaques, está o espólio do renomado artista conceitual cubano Félix González-Torres. Mas também representa nomes contemporâneos superquentes como Wolfgang Tillmans, David Altmejd e Josephine Meckseper.

DAVID ZWIRNER

Chelsea: 525 W 19th St, entre 10th Ave e 11th Ave (212-727-2070). www.davidzwirner.com

Essa é uma das várias galerias que surgiram no Soho nos anos 1990 e migrou para o Chelsea. Além de Nova York, também existe em Londres. De uma maneira geral, o foco ali é arte minimalista – Dan Flavin e Richard Serra estão no time da galeria – mas também trabalham com nomes mais "exuberantes" como a japonesa Yayoi Kusama (aquela obcecada pelas bolinhas).

GAGOSIAN GALLERY

UES: *980 Madison Ave, entre E 77th e 76th St (212-744-2313) e 821 Park Ave, esquina com E 75th St (212-796-1228) ou Chelsea: 555 W 24th St, quase esquina com 11th Ave (212-741-1111).*
www.gagosian.com

Fundada pelo super art dealer Larry Gagosian, um dos primeiros a exibir trabalhos de gente hoje superconsagrada como Jean-Michel Basquiat, Roy Lichtenstein e Willem de Kooning. Tem três espaços diferentes em Nova York. Representa Alexander Calder, Richard Prince, Damien Hirst e tantos outros nomes de primeira grandeza das artes moderna e contemporânea. Para visitar a Gagosian da Madison Ave você tem que subir de elevador até os três andares ocupados pela galeria. Não se deixe intimidar: as exposições sempre valem a pena. A loja da Gagosian fica do lado e tem uma seleção ótima de livros e trabalhos de arte em série.

GAVIN BROWN'S ENTERPRISE

West Village: *620 Greenwich St, esquina com Leroy St (212-627-5258).*
www.gavinbrown.biz

Outro sucesso do Soho nos anos 1990, o galerista inglês Gavin Brown se realocou para o West Village (em vez de seguir o fluxo rumo ao Chelsea). Famoso por ter lançado nomes como Elizabeth Peyton (sabe aquela que ficou famosa com os retratos que fez de celebridades dos anos 1990 como Kurt Cobain e Liam Gallagher, do Oasis?), a galeria também representa nomes fortes como Alex Katz e Urs Fischer.

HAUSER & WIRTH

Chelsea: *511 W 18th St, entre 10th e 11th St (212-790-3900).*
www.hauserwirth.com

Para a galera de Nova York "das antigas", é fácil ensinar onde fica a galeria: no mesmo espaço onde ficava o finado clube Roxy, marco da noite da cidade. Mas além desse, a H&W tem outro espaço no UES, fora as filiais de Los Angeles, Zurique e Londres. No time da galeria, mulheres poderosas se destacam, como Louise Bourgeois, Iza Genzken, Joan Mitchell e a brasileira Anna Maria Maiolino.

MATTHEW MARKS

Chelsea: *523 W 24th St, entre 10th e 11th St (212-243-0200).*
www.matthewmarks.com

Egresso da tradicional Pace Gallery, no começo dos anos 1990 o galerista decidiu abrir a sua própria galeria, focada em nomes emergentes de então como a controversa fotógrafa Nan Goldin, e de lá para cá conseguiu aliar sob o mesmo teto nomes arrojados a outros mais "tradicionais" como Ellsworth Kelly e Jasper Johns. Pelo visto a fórmula deu certo: além dos três espaços que tem hoje em Nova York, Marks também tem outros dois em Los Angeles.

DOU-LHE UMA, DOU-LHE DUAS

A casa de leilões inglesa **Phillips**, dissidente da Christie's, faz os leilões mais bombados de arte contemporânea da atualidade. Eles têm uma área expositiva incrível, onde as "coisinhas" que vão ser leiloadas – tipo Basquiat, Murakami, Warhol – são exibidas ao público, sob a curadoria dos colecionadores, artistas e donos de galeria. Uma boa oportunidade para ver o que vai ser arrebatado nos seletos leilões da casa, mas só para quem tem uns milhõezinhos à mão para levar uma das obras-primas que a casa negocia.

Midtown: 450 Park Ave, entre E 56th St e E 57th St (212-940-1200).

🐦 *@phillipsauction*

🌐 www.phillips.com

Nova York tem mais duas sedes de casas tradicionais que também mostram o que será leiloado em seus espaços. São elas:

CHRISTIE'S
Midtown: 20 Rockefeller Plaza – W 49th St, entre 5th Ave e 6th Ave (212-636-2000). Os leilões são abertos ao público, mas verifique o que vai ser leiloado e os horários no site.

🌐 www.christies.com

SOTHEBY'S
UES: 1334 York Ave, esquina com E 71st St (212-606-7000).

🌐 www.sothebys.com

> GUGGENHEIM

Ah, como eu amo esse museu! Não tanto pelas exposições, mas pelo prédio propriamente dito, uma evidência clara da genialidade de Frank Lloyd Wright, um dos arquitetos mais icônicos dos EUA e autor dessa maravilha (em 1959). Não à toa, o edifício foi tombado como patrimônio histórico em 2005, depois de uma bela restauração. A coleção permanente deles também é tudo: Picasso, Chagall, vanguardas russas. As mostras variam. Umas são meio comprometidas: vi uma do Giorgio Armani que parecia showroom da marca. Mas outras são imperdíveis, como a do Richard Prince, um trabalho exímio de pesquisa e curadoria.

Para evitar filas, principalmente quando houver alguma megaexposição, compre o ingresso com antecedência na internet. Fecha na quinta-feira.

 ACHO TUDO

O The Wright, restozinho que eles abriram em 2009 no topo do prédio. Uma boa recompensa para quem subiu aquelas rampas todas. Os paninis são ótimos, pode pedir.

 ACHO CAÍDO

Não dá para descer aquelas rampas todas de skate, hahaha! Essa ideia sempre me vem à cabeça quando estou ali, e eu já percebi que as minhas filhas ficam com o mesmo instinto quando entram lá!

 UES: 1071 5th Ave, esquina com a E 89th St (212-423-3575).

 86 St

 @Guggenheim

 www.guggenheim.org

> LINCOLN CENTER

Imagine um shopping center todo voltado para as artes performáticas: esse é o jeitão do Lincoln Center. Um complexo de 65 mil metros quadrados, que é base para 12 organizações artísticas e mais de 400 eventos culturais por ano, entre dança, música, ópera, teatro e afins. As imperdíveis para mim: o New York City Ballet, a Metropolitan Opera House e a New York Philharmonic. Fora isso, tem jazz, teatro, cinema, num calendário intenso. Pode ir sem medo que opção não vai faltar. Até a semana de moda da cidade, a New York Fashion Week, rola lá agora.

 ACHO TUDO

Eles reformaram o complexo e aumentaram os espaços livres. Ficou lindo e já vale o passeio ir lá para ver as novas instalações.

 ACHO CAÍDO

A programação fica mais fraca no inverno, que é quando a gente tem as férias mais longas no Brasil. Podia ser agitado o ano inteiro, mas fazer o que?

New York City Ballet
🐦 @nycballet
🌐 www.nycballet.com

Metropolitan Opera House
🐦 @MetOpera
🌐 www.metopera.org

New York Philharmonic
🐦 @nyphil
🌐 www.nyphil.org

 UWS: 70 Lincoln Center Plaza, entre W 62nd St, W 65th St, Columbus Ave e Amsterdam Ave (212-721-6500).

 66 St – Lincoln Center

 @LincolnCenter

 www.lincolncenter.org

ACHO TUDO

O museu inaugurou em 2014 sua bienal de design. Boa chance de ver o que se faz localmente nesse campo.

ACHO CAÍDO

Não sei se amo muito a localização, o Columbus Circle. Sempre muvucado, com trânsito, coisas que às vezes podem interferir no seu mood contemplativo, hehe!

> MAD MUSEUM

O único museu da cidade estritamente dedicado ao design – de artesanato à joalheria e móveis, entre outras variações do termo – seu acervo tem mais de 2 mil peças, que são exibidas em esquema rotativo. Além disso, o MAD (Museum of Arts and Design) também promove exposições, mas vou ser sincera: cheque o que está acontecendo por lá antes de ir porque eu diria que a programação deles ainda não é muito coesa. Mas uma coisa que é certa e por si só já vale a visita: o Robert, restaurante do museu que fica no topo do prédio, todo de vidro e portanto com vistas deslumbrantes do Central Park.

Midtown: *2 Columbus Circle* (212-299-7777).

59 St – Columbus Circle

@MADMuseum

www.madmuseum.org
www.robertnyc.com

PARA CURTIR NO VERÃO

Não tem lugar no mundo mais agitado do que Nova York no verão. Todo mundo faz programação especial. Aqui vai uma lis-tinha das melhores opções, mas se prepare para as multidões.

ROOFTOP FILM FESTIVAL
Projeto itinerante que monta telas de cinema no topo de dife-rentes prédios da cidade.

 @RooftopFilms

www.rooftopfilms.com

SUMMERSTAGE MUSIC
Festival de shows gratuitos que rola no Central Park durante todo o verão. Meeeeegalotado!

 @SummerStage

 www.summerstage.org

ROOF DO MET
A cada ano, um artista faz intervenções no topo do Met. Vis-ta incrível do parque e do skyline da cidade. No 5º andar do Metropolitan Museum. Aberto de maio até o fim do outono, sempre que não chover ou ventar demais. O bar fica aberto até as 20h.

 www.metmuseum.org

GOVERNOR'S ISLAND PARK
A ilha, que já foi base militar, é aberta para o público de maio a setembro. Uma boa opção para quem não encontrou lugar no gramado dos parques. Vistas incríveis de Lower Manhattan e da Estátua da Liberdade. O ferry sai do Battery Maritime Buil-ding, na 10 South St.

 @Gov_Island

 www.govisland.com

Erika Cross

ACHO TUDO

Mesmo hoje em dia, que dá para comprar tudo online, eles têm vários box-offices no andar térreo vendendo os ingressos. Os atendentes, em geral, são solícitos, mostram os lugares disponíveis – às vezes é mais fácil que ficar fuçando no computador.

ACHO CAÍDO

O bololô que fica na área entre a entrada e a rua quando tem evento por lá. Chegar atrasado pode ser um fiasco nessas horas. E pegar táxi na saída de um show é impossível: tem que enfrentar uma fila quilométricaaaaaaa de gente querendo um amarelinho. Que mau humor!

> MADISON SQUARE GARDEN

O lugar para encontrar 10 entre 10 estrelas do pop fazendo shows em Nova York sem dúvida nenhuma é o MSG. De Metallica a Britney Spears, todo mundo já passou – ou vai passar – por lá. Aberto desde 1968, está no ranking das casas de shows com maior número de frequentadores do mundo. Mas não é só música que rola lá não: os jogos do Knicks, time "oficial" de basquete da cidade, acontecem ali também e são um programinha bem nova-iorquino, fora outros eventos até meio bizarros (como os "dog shows", aquelas "competições" de cachorros de raça, sabe?). Mas o bom mesmo é a programação musical, só megaestrelas, em geral lançando seus novos álbuns. Não se esqueça de checar a programação antes de ir.

Midtown: 4 Pennsylvania Plaza – W 33rd St, entre 7th Ave e 8th Ave (212-465-6741).

Penn Station Ⓐ Ⓒ Ⓔ ① ② ③

@TheGarden

www.thegarden.com

> METROPOLITAN MUSEUM OF ART

O Metropolitan (ou simplesmente Met) é o Louvre de Nova York, ou seja, não tem como não ir. Ok, ele tem aquela cara de espaçonave neoclássica, mas tem um dos acervos mais importantes do planeta. Sem falar nas exposições — mais de dez rolando ao mesmo tempo, em média. Na entrada, você pode até ficar perdido, mas o neoclássico da fachada é a dica: a arquitetura interna segue os princípios de uma mansão tradicional — escadaria no meio, o lado direito é igual ao esquerdo, tudo harmonioso como os gregos pregavam. E mais: ele é literalmente dentro do Central Park, com a entrada voltada para a Quinta Avenida (amo a escadaria da frente, bem no estilo templo romano). O preço do ingresso é sugerido também, então você paga o que quiser para entrar.

UES: *1000 5th Ave e E 82nd St* (212-535-7710).

86 St 4 5 6

 @metmuseum

 www.metmuseum.org

ACHO TUDO

As galerias greco-romanas, que reproduzem na íntegra um santuário daqueles tempos. O departamento de fotografia também merece atenção maior: vem discretamente crescendo e fazendo belas exposições. Não se esqueça de checar.

ACHO CAÍDO

Para chegar às mostras boas de verdade, você tem que passar por vários "cacarecos" de outros tempos. Algumas vezes a gente quer ver logo a exposição, mas para isso tem que andar um monte por salas e mais salas de cadeiras, pratos e sei lá mais o que. Preguiça.

> MOMA

O Museum of Modern Art é o embaixador oficial da arte moderna na cidade. O edifício, recém-reformado, tem paredes inteiras de vidro, mezaninos e tal. Amo também as escadas rolantes, perfeitas para quem camelou a cidade inteira e ainda assim quer conferir as ótimas exposições. O acervo segue a linha moderna e/ou contemporânea, tanto o de pintura quanto os de escultura, fotografia e design (este, aliás, deixa ali destaques da sua coleção permanente à mostra, além de fazer expos superinteligentes para exibir tudo o que tem). O calendário é bombado o ano todo. Então, sempre vai ter algo incrível para ver. Pode ter certeza.

Para evitar as longuíssimas filas de espera, compre o seu ingresso pela internet com antecedência.

 ACHO TUDO

O espaço para performances ali dentro. Nenhum museu americano tem isso – um lugar que faz "mostras" de performance. Foi onde a artista Marina Abramovic ficou sentada e muda durante três meses, encarando visitantes do museu, numa espécie de "jogo do sério". Imperdível! Também amo o Sculpture Garden.

 ACHO CAÍDO

A promessa falsa de entrada gratuita às sextas, das 16h às 20h. Forma um filão que eu não pegaria nem se me falassem que o Michael Jackson ressuscitou e está fazendo show ali.

 Midtown: *11 W 53rd St, entre 5th Ave e 6th Ave (212-708-9400).*

 5 Av – 53 St

 @MuseumModernArt

 www.moma.org

App Store

> MUSEUM OF NATURAL HISTORY

Esse é um típico exemplo de como os americanos são fantásticos na embalagem das coisas. A partir de objetos que, isoladamente, não empolgariam muito (esqueletos de animais, pedras, filminhos sobre a vida natural no planeta, maquetes etc.), os caras conseguem seduzir você com mostras criativas e fazer de tudo isso um excelente passeio. A parte do planetário, para mim, é o exemplo máximo: tem até balança simulando o peso que você teria nos diferentes planetas do Sistema Solar, por causa da diferença da força da gravidade em cada um deles. Outro ponto imperdível é a seção do Oceano, com a megarréplica da baleia-azul sobrevoando o salão. E cada hora eles inventam uma nova: até exposição sobre o cérebro humano os caras já fizeram.

ACHO TUDO

O programa "Night at the Museum Sleepovers", em que crianças de 6 a 13 anos (acompanhadas de um responsável) podem passar a noite no museu. Não é um programa barato, mas a aventura em meio aos fósseis compensa o preço. Para saber mais, entre no site.

ACHO CAÍDO

O esquema de segurança inconveniente, que trata todos como terroristas em potencial. Complicado também são os dias em que parece que o museu juntou excursões de todas as escolas de Manhattan ali dentro. Eu sei que isso não tem como prever, mas evitar ir em dias de chuva já é um bom começo.

UWS: *Central Park West com W 79th St (212-769-5100).*

81 St **B** **C**

🐦 @AMNH

www.amnh.org

📱 App Store

ACHO TUDO

O restaurante do museu, o Café Sabarsky, reproduz os cafés vienenses. Hummmm, os doces são incríveis, principalmente o famoso "apfelstrudel". E muitas vezes rola um som ao vivo de piano na hora do almoço. Very chic!

ACHO CAÍDO

A programação de exposições não é assim a coisa mais intensa do mundo. Fica de olho que de repente você vai ver algo que já viu numa mostra que tinha outro tema.

> NEUE GALERIE

Essa é meio que a bandeira da arte germânica na cidade. Tô falando "germânica" porque eles fazem mostras não só de arte alemã, como austríaca também. Ou seja, muito art nouveau (eles têm obras raríssimas de Gustav Klimt, a-do-ro!), muito design e expressionismo. Nem sempre as mostras são incríveis, mas, bem, ele é do lado do Met e do Gug (afinal, faz parte da Museum Mile), então a visita acontece por osmose. E, como fica numa ex-mansão do Upper East, não leva muito tempo para ver tudo e, de quebra, você vê como os ricos da região moravam ou ainda moram (a Madonna tem uma casa parecida a alguns quarteirões dali, por exemplo). Só não deixe para visitar na terça ou na quarta, pois é quando eles têm folga.

UES: 1048 5th Ave, esquina com E 86th St (212-994-9493).

86 St ④⑤⑥

  @NeueGalerieNY

  www.neuegalerie.org

> NEW MUSEUM

O New Museum é o precursor do neohype em torno da Bowery, que antes era antro dos drogaditos e agora está cheia de lojas cool e restôs tudo. O museu se dedica, por princípio, a toda a arte feita no século 21, ou seja, é o novo do novo. O prédio segue a mesma linha: um projeto genial dos arquitetos da Sanaa, escritório japonês que fez também as lojas de Issey Miyake e da Dior, em Tóquio. Definitivamente, foi o New Museum que reacendeu a cena das artes em Downtown, que muitas vezes é mais cool do que a conservadora Uptown. Outra sacada dos caras é que eles não cobram para você entrar no lobby, que tem uma livraria-arraso e uma cafeteria com refeições pensadas para quem se preocupa com calorias, mas ao mesmo tempo não quer comer só alface e tomate.

O New Museum não abre na segunda nem na terça.

LES: *235 Bowery, na altura da Prince St (212-219-1222).*

Bowery

🐦 @newmuseum

🌐 www.newmuseum.org

ACHO TUDO

O quinto andar, que é todo de vidro e tem sacadas abertas para o público. A vista é inesquecível.

ACHO CAÍDO

Esse conceito só arte do século 21 é meio faca de dois gumes. Dê uma pesquisadinha antes de ir para ver se a mostra é mesmo interessante, afinal, são US$ 16 para entrar.

> NEW YORK PUBLIC LIBRARY

ACHO TUDO

O Ask NYPL, um serviço de consulta 24 horas, nos sete dias da semana (por telefone e online), que dá informações sobre tudo o que eles têm lá dentro. Detalhes no www.nypl.org/ask-nypl.

ACHO CAÍDO

Que ela só abre das 13h às 17h aos domingos. Poxa, domingão é o dia internacional da leitura, né?

Tá bom, quem quer ir para Nova York e ficar enfiado no meio de um monte de livros? Mas calma, porque a biblioteca pública de Nova York é um caso à parte. Primeiro, ela é a terceira maior dos EUA (mais de 20 milhões de livros, cuidados por um staff de mais de 3 mil pessoas). Segundo: ela foi construída em 1895, e eles preservam com primor as instalações — visitinha meio túnel do tempo. Terceiro: ela fica na 42nd St, superfácil de chegar e colada no charmoso Bryant Park, que é inteiro Wi-Fi e pode ser uma boa parada para descansar no meio do dia.

 Midtown: 5th Ave, esquina com W 42nd St (917-275-6975).

 5 Av **7**

 @nypl

 www.nypl.org

PARA FAZER
"TICO E TECO"
FUNCIONAREM

Se tiver um tempinho de sobra e estiver muito a fim de respirar (mais) informação, não deixe de visitar a 92Y. Essa instituição super-respeitada (existe desde 1824!!!) — e supercompetente — organiza algumas das palestras mais bacanas da cidade. Já vi ali um bate-papo do Jeff Bezos (fundador da Amazon.com) com o Chris Anderson (editor da revista Wired); o Woody Allen falando de seus filmes favoritos; e até uma palestra incrível do Bill Gates e seu pai, sobre a educação de pai para filho. Os ingressos não são caros (em torno de US$ 25-30) e a lista de personalidades interessantes que passam pela 92Y vai longe! Recomendo.

92Y
UES: 1395 Lexington Ave, esquina com 92nd St Y
(212-415-5500).

 @92Y

 www.92y.org

> PARK AVENUE ARMORY

O prédio histórico – que, originalmente, serviu de base a um regimento do exército americano – é tão grande que ocupa quase um quarteirão inteiro. Virou um supercentro das artes no coração do Upper East Side, onde acontecem megainstalações de arte e também performances, shows e peças de teatro. Alguns nomes que já se apresentaram ali incluem o brasileiro Ernesto Neto, com uma obra site-specific, e a estrela da arte performática Marina Abramovic.

ACHO TUDO

Também hospeda a ADAA, feira de arte da Art Dealers Association of America, que tem recebido ótimas críticas. Fique de olho na programação a cada ano.

ACHO CAÍDO

Como a programação é bombada, tem que comprar ingressos com trocentos dias de antecedência – o que, para quem decide ir a NY com pouca antecedência, pode ser bastante inoportuno. Afffff!

 UES: *643 Park Ave, entre E 66th St e E 67th St (212-616-3930).*

 68 St – Hunter College

 @ParkAveArmory

 www.armoryonpark.org

> RADIO CITY MUSIC HALL

É lá que acontecem supereventos como o Grammy e o MTV Music Awards, mas, bem, esses são fechados para convidados, né? Mas quem sabe você não dá sorte de passar e ver chegando por lá a Lady Gaga, Katy Perry... Ok, chega de sonho e vamos à realidade: o espetáculo Christmas Spectacular é parada obrigatória no Natal desde 1933. Muita gente acha brega, mas não tem como desmerecer a técnica das Rockettes, dançarinas que fazem números hipercoreografados, uma das principais atrações desse espetáculo desde os anos 1920. Imagina fazer cinco shows por dia, nos sete dias da semana, durante toda a temporada do Natal? Fofito, espírito natalino puro.

Dá para visitar o backstage do Radio City em um tour, o Stage Door Tour, a cada meia hora, diariamente, das 10h às 17h.

 Midtown: 1260 6th Ave, entre W 50th St e W 51st St (212-465-6080).

 47-50 Sts B D F M

🐦 @RadioCity

🌐 www.radiocity.com

📱 App Store

ACHO TUDO

Os passos das meninas, que, além de hipersincronizadas, conseguem levantar a perna até a altura dos olhos várias vezes durante o show!!! Não tente fazer isso em casa, hein? Elas estão no Twitter no @Rockettes, e têm até um site, o www.rockettes.com.

ACHO CAÍDO

Os figurinos não são, assim, a coisa mais sexy do mundo. Tem uns verdes que são de desmaiar de pavor.

ACHO TUDO

Bom ver que Nova York continua dando enorme valor às artes, mesmo com toda a especulação imobiliária.

ACHO CAÍDO

Vai ficar faltando aquele respiro artsy entre as carésimas lojas da Madison Avenue. Afffff!

> WHITNEY MUSEUM

A partir da primavera de 2015 o Whitney se desloca do Upper East Side para o Meatpacking District. Um edifício modernésimo, colado ao Highline e projetado pelo italiano Renzo Piano abrigará o acervo de mais de 18 mil obras de nomes fundamentais da arte da segunda metade do século 20 como Jackson Pollock, Jasper Johns e Alexander Calder. O atual prédio do UES (945 Madison Avenue) passa a fazer parte do Metropolitan, onde serão montadas suas exposições de arte contemporânea.

As bienais do Whitney, que acontecem sempre nos anos pares, são uma oportunidade incrível de conhecer a arte que está sendo produzida nos EUA nos dias de hoje. O museu também é forte em multimídia e instalações.

MePa: *Washington St, esquina com Gansevoort St.*

14 St Ⓐ Ⓒ Ⓔ

🐦 @whitneymuseum

🌐 www.whitney.org

ONDE FICAR

EU ACHAVA QUE SERIA DIFÍCIL RECOMENDAR HOTÉIS, MAS DEPOIS FUI PERCEBENDO QUANTOS JÁ FREQUENTEI, SEJA ATRAVÉS DE AMIGOS OU DA PENCA DE COISAS QUE ROLAM NELES: BALADAS, SHOWS, RESTAURANTES E OUTROS EVENTOS. LISTEI OS QUE FIZERAM PARTE DA MINHA VIDA DE ALGUMA FORMA. AGORA UMA COISA EU AVISO: HOTEL AQUI É MEIO CARO DEMAIS. ENTRE AS MINHAS DICAS VOCÊ VAI ACHAR ALGUNS MAIS BARATEX, MAS TEM OUTROS QUE PEDEM UMA CARTEIRA BEM RECHEADA. VEJA QUAL ENTRA NO SEU BUDGET E APROVEITE!

DICAS DE QUEM SABE

Alugar um apartamento pode ser uma maneira bacana de vivenciar a cidade. O site Air Bnb tem várias opções lindas em várias regiões. Em média, as diárias são mais em conta do que em hotéis de preço médio. Para comparar diárias de hotéis, o site Booking é imbatível. Mas fica a dica: não vale economizar alguns dólares na diária e ficar longe do burburinho. Tempo perdido em Nova York é em dólar também.

www.airbnb.com
@airbnb_br
AppStore

www.booking.com.br
@bookingcom
AppStore

> UPTOWN

Regiões acima da 59th St: Upper East Side e Upper West Side

MANDARIN ORIENTAL
UWS: 80 Columbus Circle, esquina da Broadway e 60th St (212-805-8800).
@MO_NEWYORK
www.mandarinoriental.com/newyork

A experiência de ficar no Mandarin Oriental já é única assim que se chega ao lobby, no 52º andar do Time Warner Center, com um elevador ultrarrápido. Ali, você entra num mundo à parte, com a cidade aos seus pés. Ele fica de frente para o Central Park, então imagine o deslumbre que é a vista. The Shops at Columbus Circle, com suas várias lojas, fica no térreo. Logo ao lado, o Lincoln Center garante o agito cultural. O Mandarin é desses hotéis que capricham em cada detalhezinho – até o ventilador de teto é feito sob medida pela estilista Vivienne Tam, nome hypadinho da moda local. Claro que tudo isso tem um preço – aliás, caro. Bem caro. Mas fica a didica: se você estiver mesmo muito curioso em conhecer a vista, vá até o bar e peça um drinque.

THE CARLYLE

UES: *35 E 76th St,*
esquina com Madison Ave
(212-744-1600).
@TheCarlyleHotel
www.thecarlyle.com

Hotel que foi construído na época da depressão norte--americana (não a de agora, mas dos anos 1930) e se tornou instituição nova-iorquina. Primeiro, porque virou hospedagem darling dos políticos norte-americanos, de JFK (que teve uma suíte ali por dez anos) a Bill Clinton. Segundo, porque eles paparicam você com um monte de luxinhos – como cosméticos da Kiehl's, que eu adoro. Terceiro, por causa do seu café, que tem shows de jazz de ninguém menos do que Woody Allen e sua banda. Outros nomes quentes vivem se apresentando por lá, como Eartha Kitt e John Pizzarelli. Se você curte esse tipo de som, o Carlyle é o

lugar. Vá com tudo! (Ah, detalhe – o nome é assim mesmo: The Carlyle. Sem "Hotel". Acho phyno, hahaha!)

THE MARK

UES: *25 E 77th St,*
esquina com Madison Ave
(212-744-4300).
@TheMarkHotelNY
www.themarkhotel.com

O The Mark, que já foi um clássico do UES, resolveu, há alguns anos, dar uma renovada em seus interiores para virar um hotel moderninho (no limite que os frequentadores do bairro aceitam, hehehe!), isso tudo sem perder a alcunha de "classudo" que sempre foi associada a seu nome. Se você for a NY em família ou turma, ou se for ficar na cidade por um tempo mais longo, saiba que o hotel tem opções tipo apartamento, com um ou dois quartos, sala e cozinha (mas prepare seu bolso, tá?!). Para espiar sem se hospedar, o restaurante é tocado pelo estrelado chef Jean-Georges Vongerichten – garantia de comida boa.

THE SURREY

UES: *20 E 76th St,*
entre Madison Ave e 5th Ave
(212-288-3700).
www.thesurrey.com

Seu primeiro ponto forte é a localização – fica na 76th, entre Quinta Avenida e Madison, área nobre do UES, repleta de lojas e restaurantes bacanas, perto dos principais museus, e a uma quadra de uma oportuna entrada para o Central Park. O segundo é que o prédio tem um climão mais residencial do que a maioria dos hotéis, já que tem poucos quartos e um lobby calmo e aconchegante. Fora isso, conta com o Café Boulud – do renomado chef Daniel Boulud, o Bar Pleiades (pág. 168), o Cornelia Spa e um "rooftop" (cobertura) que fica aberto apenas para hóspedes nos meses mais quentes do ano e oferece uma vista linda da cidade. Por fim, o hotel se orgulha de suas camas da marca Dux, que, segundo eles, é a melhor cama do mundo. Testei e vou dizer... dormi que nem uma pedra e não conseguia acordar de manhã. Eita, cama boa, sô! Hehehe!

> MIDTOWN

Regiões entre a 14th St e a 59th St: Chelsea, Nomad, Gramercy, Midtown.

ACE HOTEL

Midtown: *20 W 29th St,*
entre Broadway e 5th Ave
(212-679-2222).
@acehotel
www.acehotel.com

Para ver e ser visto – então capriche na mala se for ficar aqui. Os caras mandaram bem nos restaurantes. O John Dory, com um oyster bar delicinha, caso você não queira enfrentar a frequência beeeem mainstream do Oyster Bar da Grand Central. E o The Breslin, da conhecida chef April Bloomfield (a mesma do Spotted Pig, restô bacaninha no West Village – veja na pág. 141). O "mote" do The Breslin é a culinária inglesa. O brunch aos domingos é ótimo (mas sempre tem espera, já vou avisando). Tem ainda uma versão menor da loja-tudo Opening Ceremony. Hummm, então dou outro conselho: venha de malas vazias e se jogue na loja. Depois, é só mandar entregar tudo no quarto, hehehe. Os quartos têm cara de sala de estar, ótimo para fazer um esquenta antes de sair. Ou seja, é hotel-balada. Vá ciente disso.

FOUR SEASONS
Midtown: 57 E 57th St, entre Park Ave e Madison Ave (212-758-5700).
@FSNewYork
www.fourseasons.com/newyorkfs

Uma das coisas mais fascinantes daqui é a quantidade de arranha-céus que deixa a gente de queixo caído, né? Bem, o Four Seasons te dá a oportunidade de se hospedar em um deles. É um dos hotéis mais altos dos EUA, e pode ter certeza que vai ter celebs quando você for lá. O prédio em si é uma obra-prima da arquitetura – o projeto é de I.M. Pei, o mesmo que fez as controversas pirâmides de vidro do Museu do Louvre, em Paris. As diárias são salgadas, mas se você resolver encarar vai ter o luxo de encontrar suítes de

60 m², ou seja, do tamanho de um apartamento de um New Yorker "normal". Aliás, fique sabendo que o hotel está promovendo uma megarrenovação nos seus interiores, então a experiência "luxo" promete ficar ainda mais incrementada. #adoro

GRAMERCY PARK HOTEL
Gramercy: 2 Lexington Ave, esquina com E 21st St (212-920-3300).
@GPHotel
www.gramercyparkhotel.com

Reduto dos phynos, o hotel fica de frente para o Gramercy Park que, não sei se você sabe, é um parque privado e só os moradores que vivem em volta têm a chave para entrar – mas os hóspedes do hotel também têm direito a esse luxinho. Os quartos têm vistas estontentes de Downtown, decoração individual e são equipados com tecnologias mil. Outra boa de lá é que o fitness center funciona 24 horas por dia. Ah, também vá sabendo que o spa do hotel é ótimo e oferece vários dos tratamentos no quarto mesmo.

HÔTEL AMERICANO

Chelsea: 518 W 27th St, entre
10th Ave e 11th Ave
(212-216-0000).
@Hotel_Americano
www.hotel-americano.com

Instalado em um antigo prédio-garagem e próximo a todas as supergalerias de arte nova-iorquinas, o hotel-butique tem apenas 56 quartos, com vistas lindas do Rio Hudson e do Highline Park, que fica ao lado. Se conseguir, reserve o Uptown Studio Room, em que a cama fica dentro de uma caixona enorme de madeira, super cool. Outra boa pedida do hotel é a piscina, que fica na cobertura e abre também no inverno, com água aquecida.

THE PARAMOUNT

Midtown: 235 W 46th St, entre
7th Ave e 8th Ave
(212-764-5500).
@nycparamount
www.nycparamount.com

Missão difícil encontrar um hotel bacana para ficar na região da Times Square, onde se concentram os musicais da Broadway e é tudo bastante agitado – mas se você quer se hospedar no Theater District, o Paramount é uma boa opção. O hotel na verdade data do início do século 20, entrou em decadência e daí recebeu uma megarrestauração de US$ 40 milhões. Se quiser checar o lugar sem se hospedar, passe no Diamond Horseshoe, misto de restaurante com casa de shows que funcionava ali nos anos 1920 e foi reaberto junto com a renovação do lugar. O espetáculo "Queen of the Night" é bacanérrimo.

THE NOMAD

Nomad: 1170 Broadway, entre
W 27th St e W 28th St
(212-796-1500).
www.thenomadhotel.com

O nome do hotel faz referência ao bairro em que está situado (Nomad = North of Madison Square), o que significa que, além de estar ao norte dessa praça supercharmosa, você também está a meio passo de bairros como Chelsea, Meat Packing District e Greenwich Village. A decoração de interiores ficou a cargo de Jacques

Garcia, o mesmo do Hôtel Costes de Paris — tudo très chic. No térreo do hotel fica o badalado e competente restaurante Nomad (pág. 139).

PLAZA HOTEL

Midtown: 5th Ave e Central Park South/W 59th St
(212-759-3000).
@ThePlazaHotel
www.theplaza.com

Cartão-postal da cidade há mais de 100 anos, o Plaza é bastião do high nova-iorquino e do mundo todo, ainda mais depois que foi comprado por um grupo que investiu pesado em sua renovação, dando um belo tapa nos quartos e criando residências para quem quer morar ali. Os melhores quartos têm vista para o Central Park e para a Quinta Avenida. Nada mal. Um dos destaques da reforma está no subsolo: o The Plaza Food Hall by Todd English, um incrível espaço gastronômico. Lá você pode comer em um dos restaurantes ou comprar comidas prontas e ingredientes especiais em quiosques com os

mais variados tipos de cozinha do mundo todo. Alguns exemplos? William Greenberg Desserts (bolos deliciosos), La Maison du Chocolat (as melhores trufas de chocolate), Ocean Grill & Oyster Bar (hummm!), e por aí vai. Vale a visita.

THE REFINERY

Midtown: 63 W 38th St, esquina com 6th Ave (646-664-0310).
@RefineryHotel
www.refineryhotelnewyork.com

Fica em pleno Fashion District, a uma quadra do Bryant Park, onde acontece a New York Fashion Week. O design do Refinery é inspirado nas tesouras e máquinas de costura, pois ali funcionava uma millinery (chapelaria). Com serviço friendly e profissional, os quartos são espaçosos, os banheiros, lindos e, de quebra, tem um rooftop bar com vista do Empire State. Ótima relação custo-benefício. Dê uma olhada no Parker & Quinn, restaurante do hotel inspirado na época da Prohibition (Lei Seca), sempre muito animado.

> DOWNTOWN

Regiões abaixo da 14th St: Soho, Nolita, Lower East Side, East Village, West Village e Meat Packing District.

BOWERY HOTEL

East Village: 335 Bowery, entre E 2nd St e 3rd St (212-505-9100). @boweryhotelnyc www.theboweryhotel.com

Um pedacinho de aconchego chique na Bowery, que já foi reduto do underground e hoje é a nova área cool da cidade. Os quartos têm uma cara meio antiguinha e o hotel é todo forrado de tapetes orientais e cheio de luminárias marroquinas. Dá todo um clima. O restô Gemma também é bacana. As vistas que os quartos têm são incríveis. Tem uma baladinha que rola no mezanino, mas, sinceramente, nas vezes em que fui, achei uma coisa meio "festa estranha com gente esquisita". Uma pena, porque tem um terraço lindo e enorme nessa área. Bom, vai ver que eu que tive a experiência azarada, então tenta se estiver a fim.

CROSBY STREET HOTEL

Nolita: 79 Crosby St, entre Spring St e Prince St (212-226-6400). www.firmdalehotels.com

Original de Londres, o Crosby é uma boa pedida para quem quer ficar no miolo do Soho. O décor é uma mistura de kitsch e classy, e mesmo que você não se hospede ali há boas atrações, como o programa "dinner-and-a-movie" na recém-inaugurada sala de cinema e o chá das duas da tarde, servido diariamente.

GANSEVOORT

MePa: 18 9th Ave, entre W 13th St e Gansevoort St (212-206-6700). @GansevoortMPD www.hotelgansevoort.com

Este segue ao pé da letra o conceito de hotel-butique: parece que todo mundo saiu de um ensaio de fotos ou da gravação de algum filme. O pior é que boa parte dos hóspedes está nessa situação mesmo e a outra parte, querendo parecer que está também. Enfim, apesar do carão geral, vale a pena enfrentar o batalhão de narizes empinados e arriscar uma subida ao último andar do prédio, onde ficam a piscina e o disputado bar Plunge. Lá, a recompensa se traduz em vistas do Rio Hudson, que está a uns quarteirões dali, e de prédios icônicos como o do Empire State Building e o vizinho Standard Hotel.

A BALADA MORA AO LADO

Se você tomar umas a mais no bar do Gansevoort e se animar para estender a noite, o hotel tem balada também: o Provocateur. Tem gente que acusa o clube de ser playboy demais, mas, bem, é logo ali. Vale no mínimo tentar. Até porque volta e meia eles chamam DJs bons para tocar. Tente colocar o seu nome na lista através do site.

212-929-9036
www.provocateurny.com

HOTEL ON RIVINGTON

LES: *107 Rivington St, entre Essex St e Ludlow St (212-475-2600).*
@RivingtonHotel
www.hotelonrivington.com

Se tem um embaixador do neo hype em torno do Lower East Side é o Rivington. Todo de vidro e aço, ele destoa da arquitetura mais detonadinha da região, mas oferece muito conforto para uma área que até então não tinha nenhum hotel bacanudo assim. Alguns descolados torcem o nariz (têm medo da "gentrificação" do LES), mas vários deles fazem fila para o bar/clube do hotel. Então, nem ligue para a oposição e desfrute o luxinho e sua boa localização. Os quartos são pequenos, mas, como tudo é de vidro, as vistas compensam — parece que você está flutuando numa nuvem sobre o céu de Manhattan.

MERCER HOTEL

Soho: *147 Mercer St, entre Prince St e W Houston St (212-966-6060).*
www.mercerhotel.com

Darling da cena fashion nova-iorquina (é ali que o Marc Jacobs tem uma suíte), o Mercer Hotel é um clássico do Soho. Tudo nele é de marca: os cosméticos são da sueca FACE, o frigobar é forrado de produtos da Dean & DeLuca e por aí vai. O legal é que ele é pequeno também, mas nem por isso deixa de caprichar no luxo para os hóspedes, nos já citados produtos e nos serviços de ponta também – de banheira para duas pessoas nas suítes a personal trainer. O restô deles, o Mercer Kitchen, vive cheio e é bem capaz que você encontre supermodels como Kate Moss ou Lara Stone degustando as pequenas e deliciosas receitas franco-asiáticas que o top chef Jean-Georges Vongerichten inventou para o lugar.

MONDRIAN SOHO

Soho: 9 Crosby St, entre Howard St e Grand St
(212-389-1000).
@MondrianSoHo
www.mondriansoho.com

Esse hotel formato "torre de vidro", além de ser uma boa opção para quem curte o Soho e quer ficar por ali vivendo seu glam 24 horas por dia, tem uma inspiração supercabeça: o filme "La Belle et la Bête" (A Bela e a Fera), que o diretor francês Jean Cocteau fez em 1946. Intelectual demais para você? Nem se preocupe e vá curtir a cena que se aglomera no Isola Trattoria & Crudo Bar, restaurante gostoso (e concorrido) que fica no hotel. No quesito hospedagem, a coisa gira entre o clean (quartos todos brancos) e luxinhos como iPads no quarto disponíveis para você usar caso não tenha trazido o seu e cosméticos da conceituada e 100% natural Malin + Goetz.

THE JANE

MePa: 113 Jane St, entre Washington St e West St
(212-924-6700).
www.thejanenyc.com

Hotel-butique não precisa ter aquela cara de moderno ordinário e o The Jane é boa prova disso. Há 150 quartos que imitam cabines de trem e outros 40 voltados para o Rio

Hudson, que se inspiram nas cabines de navio. Talvez seja até pertinente para um hotel que originalmente hospedava marinheiros e chegou mesmo a receber náufragos sobreviventes do Titanic. O preço é bem mais acessível do que a média e uma das razões talvez seja o fato de que a maioria dos quartos não é suíte, ou seja, os banheiros são comunitários, localizados nos corredores. Também são muito pequenos para um casal. Dividir quarto, seja com namorado(a) ou amigo(a), é outra coisa que reduz bem o custo da viagem. Lá não rola.

THE MARLTON
West Village: 5 W 8th St, entre 5th Ave e Washington Square W (212-321-0100).
www.marltonhotel.com

O hotel – em um prédio de 1900 e que nos anos 1950 e 1960 foi reduto de Jack Kerouac e sua turminha beatnik – passou por uma boa repaginada graças ao hotelier Sean McPherson (o mesmo do Hotel Maritime). Ganhou ares parisienses e virou alternativa interessante para quem quer ficar no West Village. Se quiser sacar a vibe do novo espaço, vale a pena ir ao badalado bistrô Margaux, com cardápio que se renova a cada estação do ano.

STANDARD HIGHLINE
STANDARD EAST VILLAGE
MePa: 848 Washington St, entre a Little W 12th St e W 13th St (212-645-4646) e
East Village: 25 Cooper Square, entre E 5th St e E 6th St. (212-475-5700).
@standardny
www.standardhotels.com

Se você quer ver quem está acontecendo em Nova York, pode ir direto para o Standard, inaugurado no Meatpacking District/Highline em 2008 e que desde 2013 também tem entreposto mais descolado no East Village. Além das boas instalações de hospedagem, o hotel nas suas duas locações acabou virando um complexo do entretenimento alto padrão da cidade – tanto no quesito gastronômico, graças ao Standard Grill no Highline e ao Narcissa no East Village, quanto para quem procura uma boa balada: o Boom Boom Room (no Highline), que é garantia de pixxta animada. Já aviso: tudo, claro, sempre lotado. Mas, apesar do burburinho em torno, os quartos têm tarifas até que acessíveis para um hotel de alto nível (os quartos são "standard", ou seja, padrão. Sacou?).

> WILLIAMSBURG

MCCARREN HOTEL & POOL
Williamsburg: *160 N 12th St, entre Bedford Ave e Berry St (718-218-7500).*
@McCarrenBK
www.chelseahotels.com

Ao lado do Whyte Hotel, é uma boa opção para quem quer curtir o astral cool de Williamsburg sem descer do salto alto, hehehe. O hotel-butique fica de frente para o McCarren Park e conta com o excelente restaurante The Elm, no subsolo — que, aliás, também assina o cardápio de petiscos e cocktails do roof-top bar. Por falar em rooftop, além da vista incrível que a cobertura oferece de Manhattan, ali fica outro grande atrativo do hotel: uma piscina com água salgada, que funciona na primavera, no verão e no outono.

WYTHE HOTEL
Williamsburg: *80 Wythe Ave, esquina com N 11th St (718-460-8000).*
@WytheHotel
www.wythehotel.com

Se tem um hotel que definitivamente colocou Williamsburg no mapa dos turistas, é o Wythe — não só para aqueles que querem ficar bem hospedados do lado de lá do East River, mas também para quem procura um ótimo programa no bairro — a cobertura tem um bar superbacana e um terraço com uma vista incrível de Manhattan. O brunch no Reynard é delícia!!! Detalhe interessante: o prédio original data de 1901. #classe.

ONDE COMER

GOSTO É PESSOAL, E NOVA YORK, COMO É MUNDIALMENTE RECONHECIDA, TEM RESTAURANTES A PERDER DE VISTA E DE SE AFOGAR DE TANTA ÁGUA NA BOCA. ENTÃO EU NÃO VOU FICAR AQUI PROFE-TIZANDO QUAL É O MELHOR RESTAU-RANTE DA CIDADE NEM POR QUÊ. ESTE É SÓ MEU HUMILDE, MAS MUITO BEM VIVIDO, DIRETÓRIO. UMA COISA EU DIGO: EU SOU BEEEEM EXIGENTE. SE QUISER CHECAR A FONTE (NO CASO, EU), TEM GENTE ESPECIALIZADÍSSIMA MAPEAN-DO E OPINANDO SOBRE TODA ESSA SE-ARA GASTRONÔMICA COMO O ZAGAT, URBANSPOON, OPEN TABLE E URBAN DADDY.

ZAGAT
Bíblia gastronômica com dicas do público geral.
@ZagatNYC
www.zagat.com/newyork

URBAN DADDY
Aplicativo modernetz que dá ótimas dicas.
@UrbanDaddy_NYC
www.urbandaddy.com

URBANSPOON
Compila informações de críticos, jornais, blogueiros etc.
@urbanspoon
www.urbanspoon.com

OPEN TABLE
Ideal para fazer reservas online.
@OpenTable_NY
www.opentable.com

A CONTA, PLEASE:
$ BARATEX
$$ ASSIM QUE EU GOSTO
$$$ EU MEREÇO
$$$$ AI, MEU BOLSO!

QUANDO ABRE:
☕ CAFÉ DA MANHÃ
🍴 ALMOÇO
🍴 JANTAR
🍽 BRUNCH SÁB. E DOM.

> BOM DIA, NOVA YORK

Longe de casa, o café da manhã pode ser um desastre. Ou uma experiência religiosa. Claro que eu só separei os da segunda categoria para você.

ABRAÇO ESPRESSO $ ☕ 🍴
East Village: 86 E 7th St, entre 1st Ave e 2nd Ave (212-388-9731).
www.abraconyc.com

Tem petiscos e pães bons, "housemade" (feitos por eles mesmos), mas o forte é o bom e velho café, da Carolina do Norte, enviado diretamente para a sua xícara. Não pergunte o porquê do nome, mas qualquer homenagem ao Brasil é bem-vinda, certo? O lugar é um "ovo", mas o astral compensa. Fecha na segunda, ok?

AMY'S BREAD $ ☕ 🍴
Midtown: 672 9th Ave, entre W 46th St e W 47th St (212-977-2670) ou Chelsea: Chelsea Market (212-462-4338) ou West Village: 250 Bleecker St, esquina com Leroy St (212-675-7802).
@amysbread
www.amysbread.com

Amantes de pães têm que ir a essa "padaria" que leva a arte de fazer baked goods a um patamar estratosférico: pães de sabores bastante originais (figo, prosciutto) e formatos diferenciados (com direito até a brasão de enfeite), além de muitas outras invencionices, fora cookies e bolos mil, todos de desmaiar de tão suculentos – e tudo feito à mão, com farinha local.

BUBBY'S $$ 🍴 ❶ 🕐

Tribeca: *120 Hudson St, esquina com N Moore St (212-219-0666)* ou MePa: *71 Gansevoort St, esquina com Washington St (212-206-6200).*
@bubbys
www.bubbys.com

O slogan é "defending the American table" – algo como "defendendo a comida americana". Preciso dizer que o menu é recheado de muffins, panquecas, mac'n'cheese e outros standards típicos da culinária dos Estados Unidos? O brunch é dos mais concorridos da cidade, mas não aceitam reservas – vá se a espera não fizer o seu apetite azedar. O do Highline tem uma soda fountain de preparar refrigerantes manualmente, misturando água gasosa com xarope. Super "old school"!

CLINTON STREET BAKING COMPANY $$ ⬤ ❶ 🕐

LES: *4 Clinton St, entre E Houston St e Stanton St (646-602-6263).*
www.clintonstreetbaking.com

Meio padoca, meio restô com clima superaconchegante e panquecas e biscuits que derretem na boca como manteiga. Pudera, afinal tem bastante desse ingrediente nas receitas. Em tempo: não estou reclamando.

COMMUNITY FOOD & JUICE $$ ⬤ ❶ 🕐

UWS: *2893 Broadway, entre W 112th St e W 113th St (212-665-2800).*
www.communityrestaurant.com

Esse aqui eu conheço da época em que morei no UWS. Na verdade, nem era tão perto assim da minha casa (eu morava na altura da rua 71), mas quando ouvi falar desse restaurante superfocado em comida orgânica, fornecida por produtores locais (ou seja: sustentabilidade levada a sério) e com várias opções de pratos vegetarianos, resolvi ir até lá e virei fã imediata. O brunch é dos deuses – só a fila de espera é que é "dos infernos", kkkk (até porque o programa é tão concorrido que eles nem aceitam reserva).

CORRADO BREAD & PASTRY $$

UES: 960 Lexington Ave, esquina com E 70th St (212-774-1904) e outros dois endereços.
www.corradobreadandpastry.com

Todas as variações de café (expresso, cappuccino, latte, mocaccino e por aí vai) acompanhadas de muitas opções de pães, scones, tortas doces e alguns sanduíches. Gostoso é se sentar nas mesinhas da calçada, quando o clima permite.

DINER $$

Williamsburg: 85 Broadway, esquina com Berry St (718-486-3077).
www.dinernyc.com

Barracão de madeira pegado à Williamsburg Bridge, o café da manhã e o brunch são o carro-forte, em especial os omeletes. E, gente, olha eu, que pinguça, recomendo o Bloody Mary, gigantesco e supertemperado.

EGG $$

Williamsburg: 109 N 3rd St, entre Wythe Ave e Bedford Ave (718-302-5151).
@pigandegg
www.eggrestaurant.com

Café da manhã servido o dia todo, todos os dias: esse é o mote. Ok, tem cardápio de almoço, mas a experiência real aqui é... adivinhe? Se deliciar com algum dos pratos feitos com ovos, claro. Vale dizer que tem outros pontos fortes, como as panquecas e o "oatmeal" (mingau à base de aveia). Não aceita reservas, no famoso esquema "walk-ins only", então prepare-se para esperar, especialmente nos fins de semana.

EJ'S LUNCHEONETTE $$

UES: 1271 3rd Ave, entre E 73rd St e F 74th St. (212-472-0600).
www.ejsluncheonette.com

Diner americano, com um dos melhores waffles e "flapjack pancakes" de Nova York — e você que está a passeio não vai fazer conta de calorias, né?! Pena que só tem café americano (filtrado), não tem espresso ou cappuccino.

FRANÇOIS PAYARD BAKERY (FPB) $$$

Ground Zero: 210 Murray St, entre West St e North End Ave (212-566-8300) ou West Village: 116 W Houston St, entre Thompson St e Sullivan St (212-995-0888) ou Midtown: 1775 Broadway, entre W 57th e W 58th St (212-956-1775).
@francoispayard
www.fpbnyc.com

François Payard é um "pastry chef" – ou seja, sua especialidade são os doces, tortas e pães. Os minissanduíches são uma delícia, os macarons, também, assim como... bem, como tudo ali.

LE PAIN QUOTIDIEN $$ 😊🍴🍷

@LePainQuotidien
www.lepainquotidien.com

O que começou com a iniciativa de um padeiro belga de vender pães sempre frescos e rústicos (ou seja, nada industrializados) virou um império de padocas que chegou inclusive ao Brasil. Só em Manhattan são 28 pontos. O menu tem boas tartines, saladas, quiches e um cappuccino que vem numa xícara tão grande que quase parece um balde, hehehe!

OLIVE'S $$ 😊🍴

Soho: 120 Prince St, entre Greene St e Wooster St (212-941-0111).
www.olivesnyc.com

Esse microlugar é uma ótima pedida para aquelas horas em que você precisa de um café e um muffin para ganhar aquele boost de energia e continuar batendo perna pelo Soho. Mas o forte deles, na verdade, são os sanduíches e saladas "to-go", que eu imagino que sejam encomendados por um zilhão de workaholics da região, que não têm tempo a perder, mas querem comer bem em suas mesas de trabalho.

THE BRESLIN $$ 😊🍴🍷

Midtown: 16 W 29th St, entre 5th Ave e Broadway (212-679-1939).
@TheBreslin
www.thebreslin.com

Apesar de ser meio pub, meio restô, meio point (fica no Ace Hotel), eles também fazem café da manhã. Os ovos com lentilha e iogurte são de desmaiar, sem estraçalhar sua dieta logo na primeira refeição.

> NATUREBAS

Comer bem às vezes pode ter impacto no meio ambiente, sabia? Estes que eu escolhi deixam o pessoal do Greenpeace superorgulhosos.

ABC KITCHEN $$$ 🍴🍷

Midtown: 35 E 18th St, entre Broadway e Park Ave South (212-475-5829).
www.abckitchennyc.com

Mais uma empreitada do prolífico chef Jean-Georges Vongerichten, o ABC Kitchen é um bastião do movimento "slow food" e da sustentabilidade no meio gastronômico – prioriza fornecedores locais e cooperativas, usa ingredientes orgânicos, livres de hormônios, antibióticos e transgênicos. O cardápio é sazonal, aproveitando o melhor de cada estação. De quebra, você pode se inspirar e adquirir algum item de decoração, já que o restaurante fica dentro da ABC Carpet & Home (pág. 232).

CANDLE 79 $$ 🍴🍷🍽🍃

UES: *154 E 79th St, entre 3rd Ave e Lexington Ave (212-537-7179).*
@candle79
www.candle79.com

Paraíso vegetariano no UES. Você vai babar se pedir o risoto de quinoa, ou a paella de salsicha vegetariana. Pode acreditar nos vinhos, todos orgânicos e de qualidade satisfatória.

CIAO FOR NOW $$ 😊🍷🍽🍃

East Village: *523 E 12th St, entre Ave A e Ave B (212-677-2616) ou* West Village: *107 W 10th St, entre 6th Ave e Greenwich Ave (212-929-8363).*
www.ciaofornow.net

Meio café, meio restô eco, super bairro. Todo dia eles fazem um prato especial, além de fornadas e fornadas de cookies,

tortinhas e pãezinhos caseiros, que ficam ali quentinhos, esperando por você. Wi-Fi de graça também, pode levar o computador se quiser.

SPRING STREET NATURAL $$ 😊🍷🍽🍃

Soho: *62 Spring St, esquina com Lafayette St (212-966-0290).*
www.springstreetnatural.com

Clássico do Soho. Boa opção para quem está na área e quer uma comida mais consciente e, ao mesmo tempo, com sabor. Saladas, pratos à base de arroz integral e uma cestinha de couvert com pão de tomate, uma delícia!

WICHCRAFT $ 😊🍷

Midtown: *555 5th Ave, entre W 45th St e W 46th St (212-780-0577, para delivery) e mais 14 endereços.*
@wichcraft
www.wichcraftnyc.com

As comidinhas eco ganham versão fast food no Wichcraft. O "Big Mac" da casa são os paninis, um mais delicioso que o outro e ficam prontos rapidinho. Meus favoritos: o de atum grelhado e o de queijo gruyère.

> ÉTNICOS

Nova York é praticamente um Epcot Center da gastronomia. A seguir, uma volta ao mundo em algumas garfadas.

AQUAVIT $$$ ⓜⓘ
  Midtown: 65 E 55ᵗʰ St, entre Park Ave e Madison Ave (212-307-7311). www.aquavit.org

Comida sueca com uma estrela Michelin. Aquavit, aliás, é o nome de uma bebida alcoólica escandinava e tem vários tipos no menu. Prove!

CAFÉ GITANE $$ ☺ⓜⓘ
  MePa: 113 Jane St, esquina com West St (212-255-4143) ou Nolita: 242 Mott St, esquina com Prince St (212-334-9552). www.cafegitanenyc.com

Ponto de encontro de fashionistas, hipsters, modelos, artistas e curiosos atrás desses e outros tipos que passam por Nolita, tem menu focado na cozinha marroquina (o aperitivo de feta com azeitonas é um clássico). Se estiver lotado, vale descolar uma das mesas da calçada e pedir ali sua tacinha de vinho para ficar observando o movimento do povo pelas ruas.

BAMIYAN $$ ⓜⓘ
  Midtown: 358 3ʳᵈ Ave, esquina com E 26ᵗʰ St (212-481-3232). www.bamiyan.com

Um pedacinho do Afeganistão em Nova York. O staff é realmente "de lá" e o décor segue as origens. O hit é tudo que tiver o molho-elixir de laranja! Humm. Se der, peça um lugar na salinha da frente, onde tem que se sentar no chão para comer.

CAFÉ HABANA $$ ☺ⓜⓘ
  Nolita: 17 Prince St, esquina com Elizabeth St (212-625-2001). www.cafehabana.com

É um dos points animados de Nolita e está sempre lotado, mas as mesas têm alta rotatividade, então não desista. Prove a espiga de milho ao estilo mexicano, grelhada e coberta com queijo e chilli, de lamber os dedos! Não aceita reservas.

CAFE MOGADOR $$ ⓜⓘ
  Williamsburg: 133 Wythe Ave, entre N 7ᵗʰ St e N 8ᵗʰ St (718-486-9222) ou East Village: 101 Saint Mark's Place, entre Ave A e 1ˢᵗ Ave (212-677-2226). www.cafemogador.com

O astral é uma delícia – vale destacar o salão ao fundo, com entrada de luz natural, na filial de Williamsburg. A comida marroquina é supergostosa. Além do mais, fica aberto direto, sem intervalo entre as refeições, ou seja, a qualquer hora você pode se esbaldar com o cuscuz com cordeiro, um dos carros-chefes. O café da manhã – tradicionalmente americano – também é uma boa pedida. O original fica no East Village!

CARACAS AREPA BAR $ 🍴 🍷
East Village: 93 ½ E 7ᵗʰ St, entre Ave A e 1ˢᵗ Ave (212-529-2314) ou Williamsburg: 291 Grand St, entre Havemeyer St e Roebling St (718-218-6050).
@CaracasArepaBar
www.caracasarepabar.com

Apesar de o Brasil fazer fronteira com a Venezuela, eu só fui conhecer essa especialidade deles aqui. A arepa é como um crepe recheado, só que a massa é de milho, meio bolinho de fubá. Fica pronto rapidinho e é uma delícia! No de Williamsburg, além de um pátio gostoso, tem também a Roneria Cararas com seu cardápio de rum.

DIM SUM GO GO $ 🍴 🍷
LES: 5 E Broadway, perto da Chatham Square (212-732-0797).
www.dimsumgogo.com

Eu a-d-o-r-o dumpling! Sabe aqueles pasteizinhos chineses feitos no vapor? Essa é a especialidade da casa (chinesa) e tem vários sabores, de carnes pesadas aos mais levinhos, todos caem superbem. Eles ainda servem chazinho de graça para uma melhor digestão.

DO HWA $$ 🍴 🍷
West Village: 55 Carmine St, esquina com Bedford St (212-414-1224).
www.dohwanyc.com

Arrisque-se pelos mistérios do churrasquinho coreano. O "Kalbi" (costelinha grelhada) é um dos destaques. Rola menu degustação que pode ser uma boa, dependendo do seu grau de curiosidade. Detalhe fofo: a chef do restaurante é a mãe do dono. Se você cruzar com um dos dois por lá, pode mandar um "anyong haseyo", "hello" em coreano. ;-)

DOS CAMINOS $$ 🍴 🍷 🍹
Soho: 475 W Broadway, esquina com Houston St (212-277-4300) ou MePa: 675 Hudson Street, esquina com W 14ᵗʰ St (212-699-2400) ou Midtown: 825 3ʳᵈ Ave, esquina com E 50ᵗʰ St (212-336-5400) e 373 Park Ave S, esquina com E 27ᵗʰ St (212-294-1000).
@DosCaminos
www.doscaminos.com

Cadeia de restaurantes com temática mexicana, eles fazem o guacamole na sua frente e tão apimentado quanto você mandar (em três níveis – mild, medium ou spicy, traduzindo, FUEGO! kkkkk). Tem vários espalhados pela cidade, mas o meu favorito é no Soho.

EL ALMACEN $$ 🍴🍷

Williamsburg: *557 Driggs Ave, entre N 6ᵗʰ St e N 7ᵗʰ St (718-218-7284).*
www.elalmacennyc.com

Os hermanos argentinos arrasaram neste restaurante, que tem uma das melhores carnes da cidade. Todas nos cortes típicos – vacio, bife de tira etc. As sobremesas também são tudo – tem churros com doce de leite e alfajores!

HAMPTON CHUTNEY CO. $ 🍴🍷

Little Italy: *68 Prince St, entre Lafayette St e Crosby St (212-226-9996) ou UWS: 464 Amsterdam Ave, entre W 82ⁿᵈ St e W 83ʳᵈ St (212-362-5050).*
www.hamptonchutney.com

Já provou chutney, aquele molho apimentadinho, típico da comida indiana? Esse lugar é especializado nisso e tem seis sabores diferentes do condimento, que são adicionados às dosas – tipo um wrap feito com pão-papel. Parece um crepe da Índia, mas mais levinho.

INDOCHINE $$$$ 🍷

Noho: *430 Lafayette St, entre E 4ᵗʰ St e Astor Place (212-505-5111).*
www.indochinenyc.com

Boa oportunidade para conhecer melhor a cozinha vietnamita. Acha exótico? Se eu falar "filé de peixe enrolado na folha de banana com leite de coco", sua boca não vai encher de água? Se ainda assim achar pitoresco, então peça os rolinhos primavera, que ali ganharam diferentes versões.

IPPUDO $ 🍴🍷

East Village: *65 4ᵗʰ Ave, entre E 9ᵗʰ St e E 10ᵗʰ St (212-388-0088) ou Midtown: 321 W 51ˢᵗ St, entre 8ᵗʰ Ave e 9ᵗʰ Ave (212-974-2500).*
www.ippudony.com

Primeira cadeia de restôs japonesa que abriu aqui (nos anos 1980). Fazem a massinha do ramen (aquele prato-sopinha de macarrão meio miojo incrementado, típico deles) ali mesmo no porão, dá para ver! O bar é bastante agitado também. Não aceita reservas.

KITTICHAI $$$ 🍷 😊

Soho: 60 Thompson St, entre
Spring St e Broome St
(212-219-2000).
www.kittichairestaurant.com

NY tem pencas de restôs tailandeses; este é dos bons. Fica no andar térreo do hotel Thompson, ícone do chique Downtown, e a frequência segue essa linha. Importante fazer reserva, porque também é ponto de badalação – especialmente a área de fora, com vista para a rua, disputadíssima nas noites de verão.

MOMOFUKU NOODLE BAR $$ 🍷 🍷

East Village: 171 1ˢᵗ Ave, entre
E 10ᵗʰ St e E 11ᵗʰ St (212-777-7773).
@momofuku
www.momofuku.com

Restozinho que só faz pratos à base de noodles (a pasta oriental). O forte são as reinterpretações ocidentalizadas do ramen. Amo os de bambu e de cogumelo. O dono é o celebrado chef David Chang.

MR CHOW $$$ 🍷

Midtown: 324 E 57ᵗʰ St, entre 1ˢᵗ
Ave e 2ⁿᵈ Ave (212-751-9030) ou
Tribeca: 121 Hudson St, esquina
com N Moore St (212-965-9500).
@MRCHOW
www.mrchow.com

O da 57ᵗʰ, que existe desde 1979, é o chinês mais tradicional daqui – e o mais badalado também. Toda a turma "old school" frequenta. A galera mais jovem também vai lá quando quer comer um "Beijing duck" primoroso ou um "Chicken Satay" dos bons.

PHILIPPE $$$ 🍷 🍷

UES: 33 E 60ᵗʰ St, entre Madison
Ave e Park Ave (212-644-8885).
@PhilippeChow
www.philippechow.com

Melhor lugar para comer o tradicional pato de Pequim em Nova York. O preço é tão salgado quanto a carne (US$ 75), mas a porção é gigante e os especialistas dizem que não há melhor por aqui.

POMMES FRITES $ 🍷 🍷

East Village: 123 2ⁿᵈ Ave, entre
E 7ᵗʰ St e Saint Mark's Place
(212-674-1234).
www.pommesfrites.ws

Uma das contribuições da Bélgica para o mundo moderno foi a batata frita, sabia? Aqui são servidas com mais de 30 tipos de maionese para você comer junto. Indulgência deliciosa, só se prepare para os dedos bem brilhosos depois.

REDFARM $$ 🍷🍎

West Village: *529 Hudson, entre W 10th St e Charles St (212-792-9700)* ou UWS: *2170 Broadway, entre W 76th St e W 77th St (212-724-9700)*.
@RedFarmNYC
www.redfarmnyc.com

Para quem curte dim sum (ou dumpling, em inglês), mesas comunitárias, além de muita gente descolada. Não precisa reservar. Prove os de lagosta e os de crispy duck com caranguejo!

TABARÉ $$ 🍷🍎

Williamsburg: *221 S 1st St, entre Driggs St e Roebling St (347-335-0187)*.
www.tabarenyc.com

Uruguaio superaconchegante, todo de madeira com iluminação indireta, e o menu, apesar de pequeno, é recheado de iguarias típicas do nosso vizinho sulista. O chivito (sanduíche de filé mignon) é de desmaiar de bom. E depois ainda tem pudim de doce de leite, tá?

> JAPAS

O nome já diz tudo, não? E na Big Apple tem uns que não dá para perder.

15 EAST $$$ 🍷🍷

Midtown: *15 E 15th St, entre Broadway e 5th Ave (212-647-0015)*.
www.15eastrestaurant.com

Premiado com uma estrela Michelin — só por esse dado, você já sabe que vai ter uma experiência gastronômica única, né? A melhor pedida é se sentar no sushi bar, pedir o "omakase" (seleção especial do chef), apreciar de perto a destreza com que o sushimen prepara cada item e, no mais, se preparar para comer peixes e frutos do mar que você nem sabia que existiam.

BLUE RIBBON $$$ 🍷🍷

Midtown: *308 W 58th St, entre 8th Ave e 9th Ave (212-397-0404)* e mais 12 endereços.
@BlueRibbonNYC
www.blueribbonrestaurants.com

A melhor seleção de peixes crus da cidade e uma carta de sakês tão boa quanto para acompanhar. Eles são feras tanto em fazer o sashimi tradicional, como sushis com alguma invencionice — mas tudo superdelicado e delicioso. De quebra, peça o crème brûlée de chá verde para sobremesa (no Blue Ribbon do UWS) e volte para casa rolando...

BOND STREET $$$ ⑪
Noho: *6 Bond St, entre Lafayette St e Broadway (212-777-2500).*
www.bondstreetrestaurant.com

Japa aconchegante no hypado Noho. Os sushis ganham um toque a mais de pimenta aqui. O menu degustação é em conta e muito variado, vale a pena.

MORIMOTO $$$$ ⑩⑪
Chelsea: *88 10th Ave, entre W 15th St e W 16th St (212-989-8883).*
@chef_morimoto
www.morimotonyc.com

Quando abriu, virou sensação por conta da decoração futurista e comida criativa e elaborada. O visual do restô não é mais tãão impactante, mas continua lindo e o banheiro merece uma visita (é bem moderninho). A comida, bem... apesar de custar caro, é uma experiência gastronômica graças às invenções do chef Masaharu Morimoto (se arrisque e peça os pratos especiais, em vez de se ater apenas aos sushis).

NOBU $$$$ ⑩⑪
Tribeca: *105 Hudson St, esquina com Franklin St (212-219-0500) ou Midtown: 40 W 57th St, entre 5th Ave e 6th Ave (212-757-3000).*
www.noburestaurants.com

Tem em Tribeca e na 57th e estão na lista dos melhores restaurantes da cidade. Apesar do Nobu (Matsuhisa, o chef que dá nome à casa) ser um gênio do sushi, outros itens do cardápio – como o miniburger de kobe beef – são de desmaiar de deliciosos também.

NOBU NEXT DOOR $$$$ ⑩⑫
Tribeca: *105 Hudson St, esquina com Franklin St (212-334-4445).*
www.noburestaurants.com

Se você não conseguir uma reserva no Nobu de Tribeca, uma boa pedida é apelar para o Nobu Next Door, que, como diz o nome, fica literalmente ao lado e entre 19h e 21h funciona na base do "first come, first serve" – ou seja, as mesas são disponibilizadas por ordem de chegada. O cardápio é igual ao da "nave mãe", e eles servem até mais tarde que a matriz vizinha.

SUSHI OF GARI $$$ ⑩⑪
UES: *402 E 78th St, entre York Ave e 1st Ave (212-517-5340) ou Midtown: 347 W 46th St, entre 8th Ave e 9th Ave (212-957-0046) ou UWS: 370 Columbus Ave, entre W 77th St e W 78th St (212-362-4816).*
www.sushiofgari.com

Já comeu peixe cru marinado no saquê? Ou maionese de tofu? Essas são invençõezinhas que você só encontra aqui. Minha sugestão – peça o omakase (seleção do chef) e deixe-se surpreender!

SUSHI SEKI $$$$ 🍶

UES: *1143 1st Ave, entre E 62nd St e E 63rd St (212-371-0238).* www.sushisekinyc.com

A decoração é bem "simplesinha" (para não dizer "detonada" mesmo, hehehe), mas a comida é de alta qualidade. Peixes frescos, sushis feitos com primor, e o horário inusitado – ficam abertos todas as noites (exceto aos domingos) até as 2h30 da manhã – atraem nova-iorquinos e turistas bem informados (como você, que tem este guia em mãos, rá!).

> PHYNOS

Estes são aqueles que, para mim, atingem o ponto ótimo da equação comida + preço + ambiente. Ou seja, genuinamente phynos. :-)

ACME $$ 🍶🍽

Noho: *9 Great Jones St, esquina com Lafayette St (212-203-2121).* www.acmenyc.com

Não se deixe enganar pela fachada com a legenda "cajun food". A placa era de um antigo restaurante e os donos atuais decidiram preservar. O Acme atual não tem nada de "soul food" – o menu é bem conceitual, com pratos divididos entre "do ar", "do mar" e "da terra", apresentados de forma igualmente conceitual (ou seja, não vá morrendo de fome, porque as porções são comedidas, hehehe!).

AMARANTH $$$ 🍶🍽

UES: *21 E 62nd St, entre Madison Ave e 5th Ave (212-980-6700).* www.amaranthrestaurant.com

Versão fusion das cozinhas mediterrâneas francesa e italiana. Produto americano lá nem pensar. Chega tudo fresquinho importado da Europa, da rúcula ao steak tartare. Frequência suuuuper Upper East Side.

BALTHAZAR $$$ 🍷🍶🍽🍰

Soho: *80 Spring St, entre Crosby St e Broadway (212-965-1414).* www.balthazarny.com

Clássicos da culinária francesa focados num público glam que quer comer bem e dar uma badalada. Também fazem seus pães, que podem ser comprados no espaço anexo.

BAR PITTI $$ 🚺 🍷

West Village: *268 6th Ave, entre W Houston St e Bleecker St (212-982-3300).*

Italiano bem animadinho, ainda mais quando você consegue uma das mesas na calçada. A massa com trufas é tudo e o preço, razoável. E até eu, que não sou fã de panacotta, me acabo com a deles. Só tem uma chatice: não aceita cartão de crédito.

CAFE FIORELLO $$$ 🚺 🍷

UWS: *1900 Broadway, entre W 63rd St e W 64th St (212-595-5330).*
www.cafefiorello.com

Mais de 30 tipos de antipasti. Dá para ficar horas provando, vendo a cena cool do Lincoln Center beliscando ali (fica aberto até mais tarde do que a média). A pizza – uma delícia – é quadrada (!) e super massa fina (por pouco não entrou na sessão de pizzas).

CAFE LUXEMBOURG $$$ 🌑 🚺 🍷 🍸

UWS: *200 W 70th St, esquina com Amsterdam Ave (212-873-7411).*
www.cafeluxembourg.com

O melhor bistrô de culinária francesa (com influências americanas) do UWS. Ambiente agradável, luz na intensidade certa, staff ponta firme e menu enxuto. Assim como o Cafe Fiorello e o Bar Boulud, é uma boa opção pós-Lincoln Center.

CARBONE $$$$ 🚺 🍷

West Village: *181 Thompson St, entre W Houston St e Bleecker St (212-254-3000).*
www.carbonenewyork.com

Só para você ter uma ideia do nível, os chefs – Rich Torrisi e Mario Carbone – são ex-pupilos dos superstars da gastronomia Mario Batali e Daniel Boulud. Pratos "simples" da cozinha italiana como minestrone ou linguini alla vongole ganham um sabor todo especial nessa nova Meca do chic de Downtown.

CROWN $$$ 🍷

UES: *24 E 81st St, entre Madison Ave e 5th Ave (646-559-4880).*
www.crown81.com

Epítome do UES. Fica em uma townhouse no coração do bairro e é frequentado por uma galera supermetidinha... Mesmo assim, gostei, sabia? Astral animado e comida tipo "tem o que todo mundo gosta" – um menu descomplicado, mas bem executado. Se estiver atrás de uma noite "ver e ser visto", aqui é uma boa pedida.

DA SILVANO $$$ 🍴🍷

West Village: *260 6th Ave, entre W Houston St e Bleecker St (212-982-2343).*
@DaSilvano
www.dasilvano.com

Fashionistas, artistas e ricos de plantão se juntam aqui buscando ícones da comida "simples-e--ainda-assim-deliciosa", como a salada de alcachofra. É vizinho do Bar Pitti, então, quando um está cheio, você pode tentar uma mesa no outro — e vice-versa!

DELICATESSEN $$ 😋🍴🍷🍸

Soho: *54 Prince St, entre Mulberry St e Lafayette St (212-226-0211).*
@DeliNYC
www.delicatessennyc.com

Focado em "comfort food" com frequência animada. Fatores suficientes para fazer do Delicatessen uma boa pedida, ainda mais levando-se em conta que eles ficam abertos do café da manhã até tarde da noite.

E.A.T. $$$ 😋🍴🍷

UES: *1064 Madison Ave, entre E 80th St e E 81st St (212-772-0022).*
www.elizabar.com

Um dos empreendimentos do Eli Zabar, um ás da gastronomia local. Não é barato, mas a qualidade compensa. Tem o melhor salad bar da cidade (amooo a salada de champignon e a de pepino com dill) e sobremesas megacalóricas e saborosas (dois exemplos? O brownie e o bolo de cenoura integral com cobertura de cream cheese). Uma boa pedida depois de bater perna na Museum Mile ou nas lojas grã-finas da Madison.

ESTELA $$$ 🍴🍸

Nolita: *47 E Houston St, entre Mott St e Lafayette St (212-219-7693).*
www.estelanyc.com

Misto de bar com restaurante, a ideia do chef uruguaio Ignácio Mattos foi criar um menu mediterrâneo com ares de tapas espanhóis. O cardápio tem apenas 15 pratos, a maioria para dividir. Se prepare para não encontrar nenhum letreiro nem nada — ele fica escondidinho. Meus tapas preferidos ali: a burrata, uma das mais macias que já provei, e os dumplings de ricota. Yum.

FAT RADISH $$$$ 🍴🍷🍸

LES: *17 Orchard St, esquina com Canal St (212-300-4053).*
@thefatradish
www.thefatradishnyc.com

Quem acha que legumes mais verduras e comida gostosa são antônimos vai mudar vertiginosamente de opinião depois que experimentar os pratos 100% veggies – "quédizê", tem um queijo aqui, outro ali, ovos e tal (até mesmo um cheeseburger, hahaha!), mas o menu é focado em invencionices vegetarianas lindas para os olhos e suculentas para o paladar, como o Beet Crumble (farelo de pão e beterraba) e a Kale Caesar Salad (feita com folhas de couve).

FREEMANS $$ 🍴🍸🌱

LES: *Freeman Alley, Rivington St, entre Bowery e Chrystie St (212-420-0012).*
www.freemansrestaurant.com

Reduto dos descolados do LES que, no final, querem mesmo os bons e velhos clássicos da cozinha americana. Também tem umas pitadas de Inglaterra no cardápio, tipo fish & chips.

IL BUCO $$$ 🍴🍸

Noho: *47 Bond St, entre Bowery e Lafayette St (212-533-1932).*
www.ilbuco.com

As entradas e pratos mudam constantemente sem perder o foco nos frutos do mar. Tem

até bolinho de bacalhau (o que não é muito comum na terra do hambúrguer), uma delícia!

LAFAYETTE $$$$ 🍷🍴🍸🌱

Noho: *380 Lafayette St, entre Great Jones St e E 4th St (212-533-3000).*
@Lafayette380
www.lafayetteny.com

Esse megabistrô francês fica em frente ao Acme (pág. 134) (ou seria o Acme que está em frente ao Lafayette? Hehehe!) – ou seja, esse pedacinho do Noho entrou definitivamente para o mapa gastronômico da cidade. Também pudera, além de deliciosos pratos, produzem pães fresquinhos diariamente. Qualquer hora é hora de ir lá, já que servem café da manhã, almoço, jantar e brunch aos sábados e domingos.

LE BILBOQUET $$$ 🍴🍸

UES: *20 E 60th St, entre Park Ave e Madison Ave (212-751-3036).*

Apesar de ter em São Paulo e do nome ser francês, esse bistrô é daqui. Fundado nos anos 1990, virou ponto de encontro da cena posh do UES. Você que está de visita já teria a ida garantida só para ver essa galera super New Yorker, mas a estrela dali é a nouvelle cuisine – salmão com guacamole e o meu favorito, o "poulet cajun" (peito de frango com tempero cajun). Tem também hits clássicos como terrine de foie gras e uma mousse de chocolate délicieuse.

LE CHARLOT $$$ 🍴🍷

UES: *19 E 69ᵗʰ St, entre Park Ave e Madison Ave (212-794-6419).*

De marisco à moda tailandesa ao tradicional steak au poivre, tudo cai bem com a lista de 20 páginas de vinhos. Aliás, folheá-la já é um passatempo que leva horas. Boa leitura!

LOCANDA VERDE $$$ 🍷🍴🍷🍷

Tribeca: *377 Greenwich St, esquina com N Moore St (212-925-3797).*
@locandaverde
www.locandaverdenyc.com

Safe bet. Um dos sócios é o ator hollywoodiano Robert de Niro. Mas a estrela é o chef Andrew Carmellini, responsável por outros ótimos endereços gastronômicos, como o Lafayette (pág. 137). Uma boa pedida para o café da manhã, almoço e jantar. É queridinho dos moradores do bairro. Recomendo a torta de ruibarbo de sobremesa –

"gordice" tipicamente inglesa. A mistura de sabores doce e azedo é deliciosa.

MINETTA TAVERN $$$ 🍷🍴🍷

West Village: *113 MacDougal St, entre Bleecker St e W 3ʳᵈ St (212-475-3850).*
www.minettatavernny.com

A especialidade da casa são as carnes. O dono, o astral e a badalação são os mesmos do Balthazar. Então, tudo depende da sua localização. ;-)

PARA OS APRECIADORES DE VINHOS

SHERRY-LEHMANN

UES: *505 Park Ave, esquina com E 59ᵗʰ St (212-838-7500).*
www.sherry-lehmann.com

Os vendedores entendem tudo de vinhos e podem orientar muito bem nas compras. A seleção é bem vasta e os preços, quando comparados aos do Brasil, compensam bastante (para variar… Ahhhh, a carga tributária do nosso país, como pesa!!!).

MORANDI $$$ 😊🍴🍸🍷

West Village: 211 Waverly Place, entre Charles St e Perry St (212-627-7575).
www.morandiny.com

Idem ao Minetta, na versão comida italiana, hahaha! Eu gosto muito de tomar café da manhã lá – é vazio e tem pratos deliciosos.

NARCISSA $$$ 🍸🍷

East Village: 21 Cooper Sq, E 5th St com Bowery (212-228-3344).
www.narcissarestaurant.com

Uma das coisas que mais chamam a atenção nesse restaurante, acoplado ao Standard Hotel, é a cozinha aberta em um dos salões. É ali que o chef John Fraser (dono de uma estrela Michelin) prepara pratos com ingredientes fresquíssimos e orgânicos, provenientes da fazenda (localizada no Hudson Valley) de André Balazs, proprietário do hotel. A comida é superfresca, colorida e bem executada. O outro salão tem um astral mais escuro e agitado – portanto, é importante que você saiba qual é mais o seu estilo antes de fazer a reserva.

NOMAD $$$$ 😊🍴🍸🍷

Nomad: 1170 Broadway, entre W 27th e W 28th St (212-796-1500).
www.thenomadhotel.com

Quando fui ao Nomad, o Leo (di Caprio, sabe?!...) estava jantando em uma das mesas. Ou seja, o restaurante é super bombadex... E quer saber? Não é só fama, não. Adorei tudo: são várias salas bem escurinhas, a comida é excelente e o atendimento – apesar de o restaurante ainda estar na "crista da onda" – não é afetado. Recomendo chegar mais cedo do que o horário reservado para tomar um Satan's Circus (drink da casa) no bar e fazer o famoso "people watching". No hotel você também encontra a loja nipo-francesa Maison Kitsuné (pág. 209).

ODEON $$$ 🍴🍸🍷

Tribeca: 145 W Broadway, esquina com Thomas St (212-233-0507).
www.theodeonrestaurant.com

Outrora frequentado por Andy Warhol e Keith Haring, é mais um daqueles restaurantes nova-iorquinos que imitam, com categoria, o ambiente de bistrô francês, com toques americanizados no menu. A frequência varia entre executivos de Wall St, famílias de Tribeca e gente do mundo da moda e decoração que trabalha ali perto.

PASTIS $$$ 🍴🍷🐷

MePa: *9 9th Ave, entre Little W 12th St e W 13th St* (212-929-4844).
www.pastisny.com

Outro empreendimento do Keith McNally (o do Balthazar) que reproduz na íntegra o ambiente e as delicinhas de uma brasserie francesa. Arrume um cantinho no bar e aproveite a vista. ;-) Está passando por uma megar-reforma e reabre em 2015.

PEARL OYSTER BAR $$ 🍴🍷

West Village: *18 Cornelia St, entre W 4th St e Bleecker St* (212-691-8211).
www.pearloysterbar.com

É um achado! Um pedacinho de New England, região conhecida por suas lagostas e ostras frescas. Mas pedacinho mesmo, afinal, é pequeno. Porém, tamanho não é documento. O lobster roll (sanduíche de lagosta) daqui é considerado um dos melhores de Nova York. Isso sem falar na seleção de ostras (claro!) e mariscos. Prepare-se para filas e deleite-se com uma ótima seafood.

PETER LUGER STEAK HOUSE $$$$ 🍴🍷

Williamsburg: *178 Broadway, esquina com Driggs Ave* (718-387-7400).
www.peterluger.com

O mais clássico – e copiado – entre os restaurantes de carne de NY fica no Brooklyn, pegado à ponte de Williamsburg. Atrai hordas de nova-iorquinos e turistas loucos para devorar seu famoso e venerado steak – e os mais de 125 anos de existência do restaurante comprovam essa popularidade toda. Faça reserva ou se prepare para horas de espera. Detalhe importante: eles não aceitam cartão de crédito (só de débito ou dinheiro vivo).

PRUNE $$$ 🍴🐷

East Village: *54 E 1st St, entre 1st Ave e 2nd Ave* (212-677-6221).
www.prunerestaurant.com

Cantinho tradicional. Já vá sabendo que, além de superpequeno, é sempre lotado. Mas vale se espremer para provar alguns hits como a ricota com figos secos e as salsichas de carne de cordeiro. O brunch começa às 10 da manhã, ao contrário da maior parte dos outros lugares do bairro, que em geral começam a servir às 11 ou meio-dia. #ficaadica

RAOUL'S $$$ 🍷

Soho: *180 Prince St, entre Thompson St e Sullivan St* (212-966-3518).
www.raouls.com

Gosta de um bom pedação de carne? Achou. Este é, na minha carnívora opinião, o melhor steak au poivre da cidade. Para falar a verdade, na minha opinião e na de críticos de comida sérios e respeitados também!

RED ROOSTER $$$ 🍷🍸🍽️

Harlem: 310 Lenox Ave, entre E 125th St e E 126th St (212-792-9001).
@RoosterHarlem
www.redroosterharlem.com

Fica no "baixo" Harlem, uma área cada vez mais revitalizada. Dá pra dizer que o Red Rooster é um dos responsáveis por isso. O bar, logo na entrada, é bem animado, e o cardápio foca em clássicos da culinária americana. Tudo sob o olhar atento do chef Marcus Samuelsson, escolhido por Obama para fazer o jantar de posse em 2009. Nas noites de sexta e sábado, rola uma baladinha no subsolo, que me disseram ser in-crí-vel!

SPOTTED PIG $$ 🍷🍸🍽️

MePa: 314 W 11th St, esquina com Greenwich St (212-620-0393).
@thespottedpig
www.thespottedpig.com

Da chef estrelada April Bloomfield (a mesma do The Breslin, dentro do Ace Hotel). O cardápio é bem eclético, mas a comida é saborosa e muito benfeita. Vá lá conferir.

STANDARD GRILL $$$ 😀🍷🍸🍽️

MePa: 848 Washington St, esquina com W 13th St (212-645-4100).
www.thestandardgrill.com

O Standard aproveitou a inspiração "açougue" do MePa e fez, dentro do hotel, uma das melhores casas de carne da cidade. Ótimo pretexto para ir para lá sem ter de cair na ferveção (e encarar a porta muito chata) do Boom Boom Club.

THE EAST POLE $$$ 🍷🍸🍽️

UES: 133 E 65th St, entre Lexington Ave e Park Ave (212-249-2222).
www.theeastpolenyc.com

Dos mesmos donos do Fat Radish. O décor é mais "náutico" e o menu tem similaridades com o restaurante-irmão, mas ganha reforço proteico em pratos como o frango à Kiev (desossado e à milanesa). Além disso, tem uma sala de jantar privativa, que você pode reservar para grupos maiores, e mesinhas simpáticas na parte de fora, para curtir um pouco de ar livre.

THE LION $$$ 🍷🍎

West Village: *62 W 9th St, entre 5th Ave e 6th Ave (212-353-8400).*
www.thelionnyc.com

Depois da fama do Waverly Inn, o chef John De Lucie conseguiu que o The Lion tivesse essa aura de restaurante exclusivo, com comida boa e mesas disputadas a tapa. Para acompanhar o paladar, raridades de Andy Warhol e Basquiat nas paredes. Em tempo: o frisson já passou, mas ainda assim vale ir conhecer.

THE SMILE $$ 🍷🍴🍎🍷🍎

Noho: *26 Bond St, entre Bowery e Lafayette St (646-329-5836).*
@thesmilenyc
www.thesmilenyc.com

Tem um clima de restô "fechado para turistas". Aliás, acho que não vão gostar de saber que estou indicando-os! Comida bem gostosinha, astral "cozy", mas tem só 50 cadeiras. Didica: logo ali pertinho, tem o Smile To Go, uma rotisserie "mara" com saladas e outros pratos to go.

TORO $$$ 🍴

Chelsea: *85 10th Ave, entre W 15th St e W 16th St (212-691-2360).*
@toronyc
www.toro-nyc.com

Instalado na antiga fábrica da Nabisco, esse bar de tapas oferece, além de vistas estonteantes do Hudson River, criativas releituras de hits da gastronomia espanhola (como a paella de coelho) e os clássicos (pan con tomate, patatas bravas e por aí vai). No quesito "bons drinks", não deixe de pedir a sangria da casa, servida direto do barril.

VIA QUADRONNO $$$ 🍷🍴🍴

UES: *25 E 73rd St, entre Madison Ave e 5th Ave (212-650-9880).*
www.viaquadronno.com

É uma paninoteca – sabe aqueles sanduíches italianos (panini), né? O cappuccino também é tudo. A comida é boa, mas vá sabendo que o ambiente não tem nada de especial.

> EU MEREÇO

Posso ser sincera? Vir para Nova York requer quebrar o porquinho, né? Estes da lista a seguir merecem!

BABBO $$$$ 🍴🍴

West Village: *110 Waverly Place, entre Washington Square e 6th Ave (212-777-0303).*
@BabboRistorante
www.babbonyc.com

Tem que fazer reserva muitos dias – ou melhor, meses – antes. Verdade, não é lenda urbana não! Também, além de ser o restaurante-xodó do superchef Mario Batali (que tem váaarios restôs em Nova York), é outro que importa tudo da Itália, como as absurdas trufas negras, que fazem valer a pena toda a espera por uma mesa.

BAR BOULUD $$$ 🍷🍴🌱

UWS: 1900 Broadway, entre W 63rd St e W 64th St (212-595-0303).
www.barboulud.com

Pertinho do Lincoln Center, faz as terrines mais deliciosas que já comi! Tem a de perna de carneiro com berinjela e batata-doce e outra com geleia de pato (!!!). Pode pedir qualquer uma e desmaiar de prazer.

HARRY CIPRIANI E CIPRIANI DOWNTOWN $$$$ 🍷🍴

UES: 781 5th Ave, entre E 59th St e E 60th St (212-753-5566) ou Soho: 376 W Broadway, entre Spring St e Broome St (212-343-0999).
www.cipriani.com

O de Downtown é a versão "para jovens" do mais tradicionalzão, no UES, mas os dois são certeza de dar de cara com uma celebridade ou um magnata a cada segundo. Não deixe de pedir um Bellini (prosecco com suco de pêssego), uma das especialidades, inventado pela família Cipriani em seu restaurante de Veneza (o Harry's Bar).

ELEVEN MADISON PARK $$$$ 🍷🍴

Nomad: 11 Madison Ave, entre E 24th St e E 25th St (212-889-0905).
www.elevenmadisonpark.com

O restaurante fica no térreo de um prédio art-déco datado dos anos 20, que tem uma história curiosa: ele nunca foi terminado porque os empreendedores ficaram sem dinheiro por conta da crise de 1929. O Eleven Madison é um restaurante phyno, para quem aprecia o esquema menu-degustação. A comida é dos deuses, o serviço idem. Ótima pedida para um "power lunch" ou para celebrar datas especiais.

IL MULINO $$$$ 🍷🍴

West Village: 86 W 3rd St, entre Sullivan St e Thompson St (212-673-3783) ou UES: 37 E 60th St, entre Park Ave e Madison Ave (212-750-3270).
@ilmulinonewyork
www.ilmulino.com

Outro italiano high-society com garçons de black tie, blablablá e um ossobuco que rende ao restô o posto de melhor italiano da cidade (no Zagat) há mais de 20 anos.

PER SE $$$$ 🍴 🍷

UWS: *Time Warner Center, 10 Columbus Circle (212-823-9335)*.
www.perseny.com

Para ser bem sincera, implico com um lugar tão sofisticado e exclusivo ficar no Time Warner Center, um megacomplexo de lojas, hotel e supermercado. Não parece uma localização muito glamurosa, né? Mas, entrando nele, a atmosfera é requintada, e o jantar é das experiências gastronômicas mais transcendentais que se pode ter — com direito a uma vista linda do Central Park. Vá sabendo que a conta merece o apelido de "dolorosa" — em letras maiúsculas!

SANT AMBROEUS $$$ 🍷 🍴 🍷 🍷

West Village: *259 W 4ᵗʰ St, entre Perry St e Charles St (212-604-9254)* ou UES: *1000 Madison Ave, entre E 77ᵗʰ St e E 78ᵗʰ St (212-570-2211)* ou Soho: *265 Lafayette St, entre Spring St e Prince St (212-966-2770)*.
www.santambroeus.com

Pilhas de bolsas Hermès nas mesas, capricha na sua, hehehe. Se não tiver, ao menos prove o cappuccino, que é, diga-se de passagem, uma das melhores coisas da casa. A parte da frente tem pastries, sorvetes e sanduíche de carpaccio na ciabatta, um dos meus favoritos do menu.

THE MODERN $$$ 🍴 🍷

Midtown: *9 W 53ʳᵈ St, entre 5ᵗʰ Ave e 6ᵗʰ Ave (212-333-1220)*.
www.themodernnyc.com

Alta gastronomia no MoMA, com vista para o incrível jardim de esculturas. Se achar caro, fique para um ou mais drinks no bar. Criação do restaurateur nova-iorquino Danny Meyer, focado na cozinha francesa. O Dining Room fecha aos domingos.

> PIZZA

A pizza é uma instituição nova-iorquina levada super a sério. Cada um desses listados vai dizer que tem "a" melhor, mas você é quem vai decidir!

ARTICHOKE BASILLE'S PIZZA $ 🍴 🍷

East Village: *328 E 14ᵗʰ St, entre 1ˢᵗ Ave e 2ⁿᵈ Ave (212-228-2004)* ou Chelsea: *114 10ᵗʰ Ave, esquina com*

W 17th St (212-792-9200) ou West Village: 111 MacDougal St, esquina com Minetta Ln (646-278-6100). @artichokepizza www.artichokepizza.com

Para mim, essa é a pizza por pedaço mais gostosa daqui. A mais legal é a do East Village, que não tem lugar para comer sentado, mas bomba no horário pós-balada. Original de Staten Island, só tem três sabores: margherita, crab (caranguejo) e artichoke (alcachofra) – hit da casa. Fica aberta até as 5h, todos os dias.

BRIO $$ 🍴🍷🍽

UES: 137 E 61st St, entre Lexington Ave e Park Ave (212-980-2300). www.brionyc.com

Pizza de massinha crocante (de vários sabores, mas a margherita é campeã). Também tem pratos da cozinha italiana que valem muito a pena, como o linguini negro (caseiro, claro). Carta de vinhos excelente, focada no sul da Itália.

GRIMALDI'S $$ 🍴🍷

Dumbo: 1 Front Street, debaixo da Brooklyn Bridge (718-858-4300) ou Midtown: Limelight Market-place – 656 6th Ave, entre W 20th St e W 21st St (646-484-5665). www.grimaldisnyc.com

Bastião da boa pizza 100% italiana. Prepare-se para filas e mais filas. E não tem jeito, não aceitam reserva nem fazem delivery. Também não vendem pizza por pedaço. Para encarar a fila, fique espiando o prato dos outros. Duvido que você desista.

ISA $$$ 🍴🍷🍽

Williamsburg: 348 Wythe Ave, esquina com S 2nd St (347-689-3594). www.isa.gg

Luz de velas e móveis de madeira feitos à mão servem de ambiente para uma galera hipster alto-astral em busca de pratos como a Caesar Salad feita com kale e pizzas assadas no forno a lenha. Para fazer a digestão com um belo visual, aproveite que está a apenas uma quadra do East River e vá checar como é lindo o skyline de Manhattan.

LA BOTTEGA $$ 🍷🍴🍷🍽

Chelsea: 88 9th Ave, entre W 16th St e W 17th St (212-243-8400). www.themaritimehotel.com

Italianinho com área externa enorme, fica no Maritime Hotel. Pizza mais para fininha feita no forno a lenha, gente bonita, mesas ao ar livre, preço decente. Combinação que eu adoro, hehehe.

LOMBARDI'S $$ 🍴🍷

Nolita: *32 Spring St, entre Mulberry St e Mott St (212-941-7994).*
www.firstpizza.com

Primeira pizzaria de Manhattan. Apesar de ser atração turística, os locais também amam. Pizzas no forno a lenha, boa carta de vinhos, mas não aceita cartão de crédito. Vá com dinheiro vivo no bolso.

SERAFINA $$$ 🍷🍴🍷

UES: *1022 Madison Ave, esquina com E 79th St (212-734-2676) e outros seis endereços.*
@SerafinaGroup
www.serafinarestaurant.com

O da turma da pizza de massa fina. Já tem em São Paulo e está se expandindo mundo afora. As saladas, para quem quer segurar a onda com os carbs, também são ótimas.

> HAMBÚRGUER

Vir para os EUA e não se jogar no hamburgão é o mesmo que fazer dieta em churrascaria. A seguir, o mapa da mina.

BURGER JOINT $ 🍴🍷

Midtown: *119 W 56th St, entre 6th Ave e 7th Ave (212-708-7414)* ou West Village: *33 W 8th St, entre 5th Ave e 6th Ave (212-432-1400).*
@burgerjointNYC
www.burgerjointny.com

Casa de hambúrguer escondida atrás de uma cortina no lobby do Parker Meridien Hotel – é sério!!! Aqui, o hambúrguer é cultuado e apesar da locação meio duvidosa (tipo quero-ser--cult-mas-estou-dentro-de-um--mega-hotel), é superbarato, US$ 7. Boa caça ao tesouro!

CORNER BISTRO $ 🍴🍷

West Village: *331 W 4th St, esquina com Jane St (212-242-9502).*
www.cornerbistrony.com

Apesar das paredes de mogno e da cena West Village em peso, coma até lamber os dedos – o Bistro Burger, carro-chefe, tem 225 gramas de suculenta carne bovina. Aliás, nem tente achar outra coisa no cardápio – é só burger em diferentes versões.

DUMONT BURGER $ 🍴🍷

Williamsburg: *314 Bedford Ave, entre S 1st St e S 2nd St (718-384-6127).*

Hambúrguer versão Brooklyn, com boa variedade de cervejas. Melhor que o sanduíche é a porção de picles fritos. O "mac n'cheese" também é tudo e sai mais rápido.

J.G. MELON $$ ⏰ 🍔

UES: *1291 3rd Ave, entre E 74th St e E 75th St (212-744-0585).*

Lugar apertado, escurinho, sempre lotado, com um hambúrguer delicioso. Para finalizar, recomendo a torta de nozes pecan. Boa pedida para um late dinner ou um lanche pós-balada, já que fica aberto até altas horas.

P.J. CLARKE'S $$ ⏰ 🍔

Midtown: *915 3rd Ave, esquina com E 55th St (212-317-1616)* ou UWS: *44 W 63rd St, esquina com Columbus Ave (212-957-9700)* ou Downtown: *4 World Financial Center (212-285-1500).*
@PJClarkes
www.pjclarkes.com

Sei que abriu em São Paulo, mas o P.J. é icônico de NY, especialmente o da 3rd Ave, que existe desde – atenção para a data! – 1884! A grelha histórica dá um toque todo especial ao hambúrguer, hehehe. Não que as filiais não consigam reproduzir o sabor autêntico. O P.J. ao lado do Lincoln Center é uma ótima opção para a fominha que bate depois de um espetáculo.

POP BURGER $ ⏰ 🍔

West Village: *83 University Place, entre E 11th St e E 12th St (212-477-7574)* ou

Midtown: *230 E 51st St, entre 2nd Ave e 3rd Ave (212-355-0300).*
www.popburger.com

Hamburguinhos fofitos em caixinhas coloridas. Imita o padrão McDonald's (você pede no balcão e a cozinha é super express). Tem lounge onde servem drinks. Uma coisa meio "quando o hambúrguer encontra a balada".

SHAKE SHACK $ ⏰ 🍔

Midtown: *Madison Sq Park, esquina com E 23rd St (212-889-6600)* e outros seis endereços.
@shakeshack
www.shakeshack.com

Hambúrguer suculento, feito sob a supervisão do Danny Meyer – a.k.a. The Modern (pág. 144). Tem milk shakes incríveis. A filial do Madison Square Park é a mais conhecida. Depois de filas que se estendiam por boa parte do parque, o dia todo, acabaram abrindo outros endereços. O da 86th St, por exemplo, tem espera só nas horas de pico mesmo. Mas não espalha a didica, tá?!

UMAMI BURGER $ ⏰ 🍔

West Village: *432 6th Ave, entre W 9th St e W 10th St (212-677-8626).*
@umamiburger
www.umami.com

Cadeia de hambúrgueres original de LA. O "umami" do nome é o quinto gosto fundamental (junto com salgado, azedo, amargo e doce) descoberto pelo cientista japonês Kikunae Ikeda. Oi?? Traduzindo, quer dizer "saboroso" em japonês, propriedade que se obtém com glutamato monossódico na receita, que dá mais sabor, sem dar vontade de comer mais. Bem, eles colocam MSG em (quase) todos os sanduíches. Falando assim parece esquisito, mas prove o Truffle Burger e tenho certeza de que você não vai achar nada estranho... Hehehe!

> DELICINHAS

Estes eu selecionei pensando nas formiguinhas de plantão, como alguém que eu conheço bem e vejo no espelho todos os dias, kkkk.

16 HANDLES $
East Village: *153 2nd Ave, entre E 9th St e E 10th St (212-260-4414) e outros 11 endereços.*
@16Handles
www.16handles.com

Veio na onda do frozen yogurt que assolou Nova York, mas em versão melhorada – o esquema é self-service e por peso. É ótimo e poupa ter que pedir encarecidamente para servirem um pouquinho a mais de chips de chocolate no sorvete. Quer mais? Então você pega e paga. O mais incrível mesmo são os sabores, 16 no total, daí o nome.

A.B. BIAGI GELATO AND COFFEE $
Nolita: *235 Elizabeth St, entre Prince St e E Houston St (212-219-8094).*
www.abbiagi.com

Brasileiro de origem italiana, o gatinho Antonio Biaggi abriu sua sorveteria com sabores que vão bem além das nossas fronteiras – prove o de queijo de cabra com casca de laranja e anis ou o de chocolate e bergamotto (tangerina) para entender do que estou falando. Mas, se der saudades do bom e velho cafezinho, tem também.

BAKERI $$
Williamsburg: *150 Wythe Ave, entre N 7th St e N 8th St (718-388-8037).*
www.bakeribrooklyn.com

Faz jus ao nome (bakery, com y, em inglês, é padaria). Os pães (em uma profusão de modelos), bolos, cookies e muffins e outras delicinhas assadas são feitos ali in loco. Inaugurado em 2009, é um hit no café da manhã e sanduíches ao longo do dia.

CHOBANI $

Soho: *152 Prince St, esquina com W Broadway (646-998-3800).*
@ChobaniSoHo
www.chobanisoho.com

Se você é fã de iogurte, essa é a pedida – mas aviso: não é frozen yogurt, e sim iogurte em seu estado natural. Chobani é uma marca americana superpopular e abriu este entreposto onde você pode pedir opções doces – como o iogurte com a tradicional combinação de granola e morango – ou salgadas, iogurte acompanhado de pepino, hortelã, pimenta e sal.

DOMINIQUE ANSEL BAKERY $$

Soho: *189 Spring St, entre Thompson St e Sullivan St (212-219-2773).*
@DominiqueAnsel
www.dominiqueansel.com

Essa é a tal padaria do "cronut", exótica mistura dos clássicos croissant e donut. O doce tem forma de donut e massa de croissant. Frito, recebe recheios cremosos, além da cobertura de glacê. São feitos só 250 por dia – digo "só" porque a procura é tanta que periga você chegar e não ter mais... Aliás, filas para comprar são outra marca registrada do lugar.

DOUGHNUT PLANT $

LES: *379 Grand St, entre Norfolk St e Essex St* ou Chelsea: *220 W 23rd St, entre 7th Ave e 8th Ave (212-505-3700).*
@DoughnutPlantNY
www.doughnutplant.com

Tudo o que o Dunkin' Donuts deveria ser: donuts fresquinhos, sabores originais e lugar com cara de botequinho de bairro. Experimente as geleias também, de babar!

ELENI'S COOKIES $$

Chelsea: *Chelsea Market.*
@ElenisCookies
www.elenis.com

A Eleni é californiana e começou a vender seus docinhos de casa quando se mudou para cá. Hoje é hit, graças aos formatos fantásticos de cookies, supercoloridos e originais. Não acho tão gostosos, mas são lindos e alegram a vista. E eles aceitam encomendas de cookies temáticos, uma opção bacana de presente.

TRUE NEW YORK EXPERIENCES

Além do pretzel e do hot dog de carrinhos de rua, outra experiência gastronômica típica em Nova York é comer um cheesecake. Para isso, recomendo ir a alguma deli e se aventurar em um pedaço de cheesecake da altura do Empire State Building.

CARNEGIE DELI $$

Midtown: 854 7th Ave, entre W 54th St e W 55th St (212-757-2245).
@CarnegieDeli
www.carnegiedeli.com

KATZ'S DELI $$

LES: 205 E Houston St, esquina com Ludlow St (212-254-2246).
@KatzsDeli
www.katzsdelicatessen.com

SECOND AVENUE DELI $$

Midtown: 162 E 33rd St, entre 3rd Ave e Lexington Ave (212-689-9000) ou UES: 1442 1st Ave, esquina com E 75th St (212-737-1700).
www.2ndavedeli.com

STAGE DELI $$

Midtown: 834 7th Ave, entre W 53rd St e W 54th St (212-245-7850).
www.stagedeli.com

FORTY CARROTS $$

UES: 1000 3rd Ave, entre E 59th St e E 60th St (212-705-3085).
www.bloomingdales.com

Fica dentro da Bloomingdale's, no 7° andar. O frozen yogurt é um ótimo pretexto para uma pausa recarregadora de energias antes de uma nova seção de compritas, hehehehe.

GROM $$

West Village: 233 Bleecker St, esquina com Carmine St (212-206-1738) ou Midtown: Columbus Circle – 1796 Broadway, entre W 58th St e W 59th St (212-974-3444).
@Grom_gelato
www.grom.it

Gelateria italiana incrível, tudo 100% natural – eles levam super a sério essa coisa de não usar aditivos, emulsificantes, corantes e conservantes. E, mesmo assim (ou melhor, por causa disso!), conseguem fazer um gelato absurdamente cremoso, de sabores incríveis – como chocolate extranegro colombiano, pistaches (sírios, que fique bem claro!) e por aí vai. Não à toa os Upper West Siders e os West Villagers veneram.

JACQUES TORRES $$

West Village: 350 Hudson St, entre Charlton St e King St (212-414-2462), ou UWS: 285 Amsterdam Ave, entre W 73rd St e W 74th St (212-787-3256) e outros três endereços.
@jacquestorres
www.mrchocolate.com

O rei do chocolate. Quer tanto incorporar esse título que seu site é www.mrchocolate.com, hahaha! Mas realmente, para chocólatras (como eu), nada como a seleção de chocolates doces, amargos, com frutas secas ou castanhas. E o chocolate quente? Cremoso, denso... esquenta até os corações mais gélidos, hehehe!

LA MAISON DU CHOCOLAT $$$

UES: 1018 Madison Ave, entre E 78th St e E 79th St ou Midtown: Rockefeller Center e Food Hall do Hotel Plaza e Bryant Park, 36 W 40th St, entre 5th Ave e 6th Ave ou Downtown: 63 Wall St, entre Pearl St e Hanover St.
www.lamaisonduchocolat.com

Já pensou numa única trufa de chocolate que custa quase o preço de uma barra inteira? Em vez de sofrer com o valor, se delicie com um dos melhores chocolates amargos de todos os tempos.

LABORATORIO DEL GELATO $

LES: 188 Ludlow St, esquina com E Houston St (212-343-9922).
www.laboratoriodelgelato.com

Laboratório não é à toa — ali, criam-se mais de 200 sabores de sorvetes manualmente. Dos clássicos chocolate amargo e pistache a exóticos, como os de azeite, queijo cheddar ou pétalas de rosa.

LADY M $$

UES: 41 E 78th St, entre Park Ave e Madison Ave (212-452-2222) ou Midtown: Food Hall do Hotel Plaza.
www.ladymconfections.com

Vende tortas (doces e salgadas) maravilhosas e tem um microespaço com mesas para tomar café. Ouvi dizer que o sanduíche de queijo e presunto é "matador". Não como carne de porco, então vou passar sem esta. Mas, para quem come, fica a dica. :-)

LEVAIN BAKERY $

UWS: 167 W 74th St, esquina com Amsterdam Ave (212-874-6080).
@levainbakery
www.levainbakery.com

O "cinnamon bun", que nós chamaríamos de "rosca de canela", é um quitute supertípico dos americanos. Saiba que, segundo os próprios, é na Levain que se produz o melhor dos Estados Unidos. Aliás, eles só fazem nos fins de semana, fique ligado. Se for lá outro dia, garanto que cookies como o de chocolate com peanut butter ou o macio pão de maçã valem a viagem.

MAGNOLIA BAKERY $$

West Village: *401 Bleecker St, esquina com W 11th St (212-462-2572)* ou UWS: *200 Columbus Ave, esquina com W 69th St (212-724-8101)* ou Midtown: *na Grand Central e no Rockefeller Center* ou UES: *na Bloomingdale's.*
@magnoliabakery
www.magnoliabakery.com

Clássico eternizado por Sarah Jessica Parker em "Sex and the City", os cupcakes fazem a fila dobrar quarteirão. Para fugir disso e ainda assim se deleitar, vá na do UWS, mais tranquila e mais família. Didica: o meu doce favorito não é o cupcake e sim o banana pudding – menos conhecido, mas um deleite sem tamanho!

MAST BROTHERS CHOCOLATE $$$

Williamsburg: *111 N 3rd St, esquina com Berry St (718-388-2625).*
www.mastbrothers.com

Os irmãos Mast, puristas do chocolate, compram cacau no Equador, Madagascar e Papua Nova Guiné, e produzem suas barras de forma 100% artesanal nesse espaço, que reúne a fábrica e a loja. Além das barras de chocolate lindamente embaladas, compre também cookies, tortas e muffins de... chocolate, claro, hehehe!

MILK & COOKIES BAKERY $$

West Village: *19 Commerce St, entre Bedford St e Bleecker St (212-243-1640)* ou East Village: *109 3rd Ave, esquina com E 13th St (dentro da Kiehl's).*
@MilkCookiesNYC
www.milkandcookiesbakery.com

Os cookies são absurdos! O mais tradicional, de chocolate, faz delirar, crocante e macio ao mesmo tempo. Sorry, sei que o que eu falei é meio paradoxal, mas seu paladar vai entender.

MOMOFUKU MILK BAR $

East Village: *251 E 13th St, esquina com 2nd Ave* ou Midtown: *15 W 56th St, entre 5th Ave e 6th Ave* ou UWS: *561 Columbus Ave, esquina com W 87th St* ou Williamsburg: *382 Metropolitan Ave, entre Marcy Ave e Havemeyer St (347-577-9504).*
www.milkbarstore.com

Depois do sucesso do seu noodle bar (o Momofuku), o superchef David Chang se juntou à pastry chef Christina Tosi para reinterpretar clássicos (tortas, sorvetes e cookies) criando o corn cookie (de milho) ou o compost cookie, que tem farelo de pretzel e de batata chips. O milk do nome? É um "leite" feito de cereais, receita exclusiva.

ODDFELLOWS ICE CREAM $

Williamsburg: 175 Kent Ave, esquina com N 3rd St (347-599-0556).
@oddfellowsNYC
www.oddfellowsnyc.com

Sorveteria com pegada hipster onde são feitos artesanalmente sorvetes, bebidas e até algodão-doce. Indico o de vanilla do Tahiti e o de folha de tabaco com amora (ok, ok, falando assim parece estranho, mas vale experimentar). Sugiro também o chá de hibisco.

POPBAR $

West Village: 5 Carmine St, esquina com 6th Ave (212-255-4874).
@popbar
www.pop-bar.com

Tem coisa mais legal do que um bar de picolés? E se eu te contar que eles são artesanais e que cada palito é recheado com o melhor sorvete italiano, em uma variedade de sabores feitos com ingredientes naturais? E que são todos kosher, e tem também opções veganas e sem glúten? Esse é o Popbar!

RICE TO RICHES $

Soho: 37 Spring St, entre Mott St e Mulberry St (212-274-0008).
www.ricetoriches.com

Este é especializado em pudim de arroz! Todos com nominhos divertidos, como "Man Made Mascarpone" e "Sex, Drugs and Rocky Road". A lojinha deles é tudo, mas, às vezes, cheia demais. Melhor pegar e se deliciar andando pelas ruas do bairro.

WILLIAM GREENBERG DESSERTS $$

UES: 1100 Madison Ave, entre E 82nd St e E 83rd St (212-861-1340).
@WGbergDesserts
www.wmgreenbergdesserts.com

Fundada na década de 1940, já levou o prêmio de melhor confeitaria daqui trocentas vezes. Você tem que ir ver os bolos de casamento e de aniversário, praticamente tão elaborados quanto as maxiesculturas do Richard Serra ou algo do gênero.

> MERCADOS & DELIS

Outra especialidade nova-iorquina são lugares para comprar comida, ingredientes, condimentos ou temperos exóticos. Dá vontade de ir com a mala.

CHELSEA MARKET

Chelsea: *75 9th Ave, entre W 15th St e W 16th St.* www.chelseamarket.com

Versão glam do tradicional mercadão. Tem tudo do bom e do melhor – padaria, frutos do mar, boulangerie, casa de massas... Funciona para os dias de chuva e frio intenso.

CITARELLA

West Village: *424 6th Ave, esquina com W 9th St (212-874-0383) ou UWS: 2135 Broadway, esquina com W 75th St ou UES: 1313 3rd Ave, esquina com E 75th St.* www.citarella.com

Ótima seleção gourmet de frios, massas e molhos. Destaque para o açougue (carnes superbem cortadas e frescas) e para o aquário com lagostas vivas!!!

DEAN AND DELUCA

Soho: *560 Broadway, esquina com Prince St (212-226-6800).* @DeanandDeluca www.deandeluca.com

O principal é no Soho. Apesar de ser uma megastore de luxo, a lotação pode ser bem irritante. Mas, com paciência, você vai encontrar iguarias, tipo os azeites de trufa, que eu venero.

EATALY

Midtown: *200 5th Ave, esquina com W 23rd St (212-229-2560).* @Eataly www.eatalyny.com

Superempreendimento do Mario Batali, dono do Babbo (ver pág. 142). Além de produtos de primeiríssima, tem restôs e ambientes que preparam pratos com ingredientes das prateleiras. É imenso, em frente ao Madison Square Park. A inspiração italiana se estende às minilojas da Alessi, Kartell, Guzzini etc.

ELI'S

UES: *1411 3rd Ave, esquina com E 80th St (212-717-8100).* www.elizabar.com

Tem de tudo, inclusive as comidinhas marca-registrada do proprietário Eli Zabar, como o pão de nozes e passas, o muffin de cream cheese com chocolate e as ótimas sopas prontas de cenoura e caldo de frango. Dá para montar um jantar todo, com gosto bem caseiro.

MURRAY'S CHEESE BAR

West Village: 264 Bleecker St,
entre Leroy St e Morton St
(646-476-8882).
www.murrayscheesebar.com

A casa de queijos mais antiga da cidade permanece no pódio das melhores. São centenas de queijos da Itália, França, Espanha e até da Holanda e Irlanda. Outro produto bom, saindo da seara dos queijos, é o bloody mary mix, temperado no ponto áureo.

RUSS & DAUGHTERS E RUSS & DAUGHTERS CAFE

LES: 179 E Houston St, entre
Orchard St e Allen St
(212-475-4880).
www.russanddaughters.com

Um clássico do LES desde 1914 especializado em iguarias da culinária judaica – influência da comunidade que desembarcou ali ao chegar da Europa. Salmão defumado, hering, bagels e caviar. Não deixe de conhecer o café na Orchard St.

TRADER JOE'S

Midtown: 142 E 14th St, entre 3rd
Ave e 4th Ave (212 529-4612) ou
Chelsea: 675 6th Ave, esquina
com W 21st St (212-255-2106) ou
UWS: 2073 Broadway, esquina
com W 72nd St (212-799-0028).
www.traderjoes.com

Mais hippie que o Whole Foods, mas nem por isso a seleção é mais fraca, nada disso. A sacada é que tem vários produtos com marca própria e orgânicos de qualidade igual à de fabricantes conhecidos, com preço mais em conta.

WHOLE FOODS MARKET

@wholefoodsnyc
www.wholefoodsmarket.com

Templo da comida orgânica. Tem um super buffet (orgânico, claro) que fica lotado no horário pós-expediente. Só a fila do caixa que me desanima. São sete filiais em Manhattan: no subsolo do Time Warner Center, em Chelsea, na Bowery, na Union Square, em Tribeca e no UWS. Todas abrem das 8h às 23h.

ZABAR'S

UWS: 2245 Broadway, esquina
com W 80th St (212-787-2000).
@ZabarsIsNY
www.zabars.com

Tem quem ache que se você não foi ao Zabar's não conheceu Nova York. Pudera! O mercado representa bem a cidade: seleção absurda de delicias, várias delas judaicas; clientes e atendimento neurótico se estapeando o tempo todo: a perfeita combinação nova-iorquina. :-)

BARES

EU ACHO A CENA DOS BARES MAIS INTERESSANTE QUE A CENA CLUB. É O MELHOR LUGAR PARA FAZER UM DOS PROGRAMAS MAIS DIVERTIDOS DE NOVA YORK: PEOPLE-WATCHING, OU SEJA, OBSERVAR OS TROCENTOS TIPOS DE PESSOAS QUE CIRCULAM PELA CIDADE. O BAR AQUI TEM UMA COISA MEIO "EXTENSÃO DA CASA". VOCÊ SEMPRE MARCA ALGO COM OS AMIGOS, REUNIÃO DE TRABALHO, OU ATÉ UM ENCONTRO ROMÂNTICO, NUM BAR QUE SEJA PERTO DE ONDE VOCÊ MORA, OU NO MEIO DO CAMINHO PARA TODO MUNDO. OS BARES DESTE CAPÍTULO FAZEM OU FIZERAM PARTE DA MINHA ROTINA.

ACHO TUDO

A bebida é servida como na época da repressão – shots em copinhos de papel, cerveja coberta com saco, drinques em xícaras. Meio nonsense, mas divertido.

ACHO CAÍDO

O som lá não vai além do rock e pop ambiente. Umas batidas a mais e aquilo seria uma ótima pistinha.

> BACK ROOM

Esse lugar é meio na linha "refúgio dos descolados". Não só pelo hype – fica no coração do Lower East –, mas também pelo jeitão "locação escondida". Na verdade, este é mais: tem uma porta falsa de uma loja de brinquedos que você tem que abrir e atravessar um caminho escuro até chegar no bar em si. Olhe, não conte para ninguém, mas o segredo vai além: tem uma sala VIP que se esconde atrás de uma prateleira falsa de biblioteca. Ju-ro! Fique de olho que você acha. É tudo para relembrar o período repressor da Lei Seca, quando quem tinha álcool se via obrigado a inventar as maneiras mais engenhosas para conseguir curtir seu pilequinho. Esses tempos se foram, mas a arquitetura charmosa ficou lá, vá conferir.

LES: *102 Norfolk St, entre Delancey St e Rivington St (212-228-5098).*

Essex St **F M J Z**

www.backroomnyc.com

> BBAR AND GRILL

ACHO TUDO

Os drinques são caros, tem fila na porta etc., só que tem uma coisa no BBar que faz valer encarar tudo isso: o pátio, de mais de 300 metros quadrados, coberto de plantas, ao ar livre, no coração de Downtown. Tipo oásis no deserto. Antigamente, ali era um posto de gasolina, que foi transformado em bar e restaurante e virou, desde então, programa tem-que-fazer para a temporada de verão – os happy hours lá bombam nessa época. No inverno (e no verão também), quem deixa a coisa mais caliente ali é o povo que frequenta a Beige, noite de terça, para os meninos que amam meninos. Tem pista de dança, barmen sem camisa e vai até as 4h da manhã. Mas, tirando a jogação, o cardápio deles é supergostosinho e vale a pena passar lá em horários mais "família" também.

Passado o hype, o bar segue um sucesso. Deu uma reciclada na frequência sem perder a identidade.

ACHO CAÍDO

O cara da porta, meio (meio nada, beeeeeem!) mala. Respire fundo e boa sorte.

Noho: 40 E 4th St, entre Bowery e Lafayette St (212-475-2220).

Astor Place 6

 www.bbarandgrill.com

ACHO TUDO

Pra muita gente, o Bedlam é meio "preppy", mas nesse caso acho que vale como uma quebrada boa no clima grassroots que muitos bares do East Village ainda têm. Viva a diversidade!

ACHO CAÍDO

Só servem bebida e ponto final. Não oferecem nem amendoim, nem azeitona, nada!!! Ô, dureza, hahaha!

> BEDLAM

Pense num trem-fantasma chique e animado — esse é o jeitão desse bar no East Village. Momentinho "gossip girl": um dos sócios, o Benjamin Maisani, é namorado (pelo menos até agora a relação tá firme e forte, tá?) do Anderson Cooper (sabe aquele jornalista bonitão, grisalho, da CNN, filho da lendária Gloria Vanderbilt?). Tô falando isso porque, com ele, veio todo o mailing do casal, que inclui Sarah Jessica Parker, Matthew Broderick, Alan Cumming e claque. Bizarro esse pessoal se abalando até a Avenida C, no antigamente underground East Village, mas complementa o décor — esse sim de filme de terror: um monte de cabeças de bichos empalhados e pencas de gravuras mostrando a anatomia do corpo humano espalhadas pelos quatro cantos do lugar, luz indireta fraquinha, ou seja, de tão pitoresco, só torna a noite mais divertida. Tem pistinha também, vá lá ferver.

East Village: 40 Ave C, entre E 3rd St e E 4th St (212-228-1094).

2 Av **F**

@BedlamNYC

www.bedlamnyc.com

> FAT CAT

Se quiser escutar jazz de um jeito diferente, pode ir lá. Por quê? É que, além da programação de shows, o lugar tem mesas de bilhar e pingue-pongue, que você paga por hora. O preço da cerveja é em conta, se comparado com outros lugares, e se você quiser se enturmar tem também campeonato de pingue-pongue todo segundo domingo do mês, começando às 13h30.

ACHO TUDO

O estado das mesas de bilhar é impecável, apesar de o lugar estar sempre cheio, servir bebidas e afins. Também acho fofo que o Fat Cat fica no subterrâneo – nada de novo, mas dá aquele climinha escondido bem bacana.

ACHO CAÍDO

Para quem vai mais atrás do som das bandas de jazz, às vezes o barulho ambiente da galera no bar pode se sobrepor à música. Vá sabendo.

West Village: 75 Christopher St, esquina com 7th Ave (212-675-6056).

W 4 St A C E B D F M

www.fatcatmusic.org

ACHO TUDO

O drink Beijing Pitch, invenção de uma das donas, a chef Julie Reiner. Vodca com infusão de jasmim misturada com purê de pêssego. Hummmmm...

ACHO CAÍDO

A frequência às vezes pode ser yuppie demais. Abstraia.

> FLATIRON LOUNGE

Este já é meio um mix de Epcot Center com túnel do tempo. Explico: o lounge fica num prédio construído em 1900 (o ano exato é esse mesmo!) e foi todo montado usando componentes de bares icônicos de outros tempos. O balcão é herança do The Ballroom, bar que o Frank Sinatra frequentava direto na sua época áurea; os azulejos das paredes são de 1920, vindos do bar do Algonquin Hotel, e tudo o que não é original reproduz na íntegra a mobília art déco do prédio. Chique e aconchegante ao mesmo tempo, fora que tem esse climinha lounge bem anos 1990 que eu adorava e ainda adoro.

Midtown: 37 W 19th St, entre 5th Ave e 6th Ave (212-727-7741).

23 St Ⓝ Ⓡ

 @Flatironlounge

 www.flatironlounge.com

pisaphotography

FLATIRON BUILDING

NÃO SE ESQUEÇA DE OLHAR PARA O ALTO QUANDO ESTIVER SAINDO DO METRÔ NA 23RD ST PARA ADMIRAR O FLATIRON BUILDING, FAMOSO POR SER O ÚNICO ARRANHA-CÉU TRIANGULAR DA CIDADE. UM FEITO ABSURDO PARA A ÉPOCA EM QUE FOI CONSTRUÍDO, 1902. O PRÉDIO HOJE É TOMBADO COMO PATRIMÔNIO HISTÓRICO DA CIDADE.

AH, VÁ! OS ARCOS DO OYSTER BAR

O arco da frente do restaurante foi feito com um truque acústico que acentua o eco da área. Ou seja, um sussurro de alguém numa ponta pode ser ouvido perfeitamente do outro lado do arco. Cuidado para não contar nenhum segredo ali, hein? ;-)

 ACHO TUDO

A vinhetinha do site, uma animação com um monte de ostras aplaudindo a Grand Central. Muito fofaaaa!

 ACHO CAÍDO

Por ser no subterrâneo, muitas horas ali dentro podem ser meio sufocantes, uma coisa meio "catacumbas". Depois de curtir as ostras, nada melhor do que voltar para a superfície e respirar o ar puro (hã???? kkkk) da metrópole.

> GRAND CENTRAL OYSTER BAR & RESTAURANT

Se você estiver na Grand Central e bater aquela fominha, pode descer um andar até o Oyster Bar. Isso se você for fã de frutos do mar e, em especial, das ostras (oysters). O Oyster Bar está lá desde 1913 e até hoje é preferência irrefutável entre os críticos de comida e os nova-iorquinos em geral. Ok, você vai chegar e dar de cara com um monte de turistas, cena familião etc., mas a rotatividade é alta, tem muitas mesas, então não demora muito para se sentar, mesmo nos dias mais cheios. E o ambiente é inteiro original, cheio de arcos no teto, tudo forrado de azulejo, parece cena de filme de gângster, super Nova York de outros tempos. Fecha no domingo, viu?

  Midtown: *Grand Central Station, entrada principal pela E 42nd St e Park Ave South (212-490-6650).*

Grand Central

 www.oysterbarny.com

> LEADBELLY OYSTERS & LIQUOR

Desdobramento do The Fat Radish, o oyster bar serve seleção de ostras vindas das costas leste (as de Montauk chegam quase que diariamente) e oeste dos Estados Unidos, além de oferecer receitas especiais como a torta de mariscos. Também tem programação de pocket shows. Dê uma olhada no site. Fecha às segundas-feiras.

ACHO TUDO

A mobília vintage do lugar dá uma atmosfera de bar "das antigas", que tem tudo a ver com a cara detonadinha do Lower East Side. Também pode ser aconchegante para um primeiro encontro.

ACHO CAÍDO

A trilha sonora vai na cola do mood retrô do lugar. Não que eu tenha nada contra, mas de vez em quando podia rolar um som mais, ahm, dos dias de hoje, né?

LES: 14b Orchard St, esquina com Canal St (646-596-9142).

East Broadway (F)

www.theleadbelly.com

ACHO TUDO

A lanterna que ilumina a fachada externa, que dá à rua uma cara de locação de filme chinês.

ACHO CAÍDO

A carta de vinhos segue a inspiração luso-asiática. Ou seja, se você não é fã de vinho verde ou do Porto, não se arrisque.

> MACAO & TRADING CO.

Eu pouco sabia sobre Macau – aquele micropaís na costa da China que foi colônia portuguesa – nem que lá tinha um distrito da luz vermelha, tipo o de Amsterdã. Bem, eu aprendi mais sobre o lugar graças a este barzinho supersimpático em Tribeca. Calma, nada de aula de História aqui, só estou falando que a inspiração é, no mínimo, original, e isso se traduz nos drinks mais incríveis, tipo o Drunken Dragon's Milk, um mix de vodca com pasta de coco, mais cinco tipos de ervas chinesas e manjericão da Tailândia, que você vai bebendo como se fosse suco e quando levanta... já viu, né? Para segurar a bebedeira, vale provar os pratinhos inspirados na cozinha oriental, como as almôndegas de carne de carneiro. Falando assim parece exótico demais, mas prove que você vai ver.

Tribeca: *311 Church St, entre Walker St e Lispenard St (212-431-8750).*

Canal St Ⓐ Ⓒ Ⓔ

@MacaoTradingCo

www.macaonyc.com

> PLEIADES

É um bar de "gente grande", digo isso não pela faixa etária das pessoas, mas pelo fato de que só tem um povo mais arrumadinho e tal – a cara do bairro do Upper East Side, não é? A decoração art déco, toda em preto e branco, é inspirada em Coco Chanel, e o ambiente tem nichos reservados para os mais discretos. Mas o que eu gosto mesmo é de me sentar às mesas da calçada, "weather permitting" (quando o tempo colabora), no maior clima "people watching". O Pleiades é mais um dos inúmeros empreendimentos do premiado chef Daniel Boulud, dono também do Café Boulud, que fica ali ao lado.

ACHO TUDO

O menu de cocktails, além de superinventivo e variado, muda de acordo com as estações.

ACHO CAÍDO

Sabe como é, né? Hotel caro às vezes atrai uma galera mais caretinha… Ou seja, não espere encontrar ali um pessoal muito alternativo, hehehe!

 UES: 20 E 76th St, no The Surrey Hotel (212-772-2600).

 77 St ④ ⑥

 www.barpleiades.com

ACHO TUDO

O bar fica no pé do Puck Building, o prédio onde a Grace (do Will & Grace) trabalha na série. Olhe bem para a fachada, é aquela mesma!

ACHO CAÍDO

A escadinha escondida atrás da porta de ferro preta, que você tem que descer para chegar ao bar. Descer aquilo de salto é tipo prova de reality show.

> PRAVDA

Outro bar que é meio subterrâneo, só que em Nolita. Quando o Pravda foi fundado, nos anos 1990, o bairro era o centro da cena cool da cidade e virou febre – horas de espera, gente se amontoando para entrar, aquela coisa. Passados todos esses anos – e essas pessoas –, ele virou um destino mais discreto e ainda assim bem bacana. Do banheiro imitando as casas de banho coletivas ao caviar vendido por quilo, tudo no bar é inspirado na finada União Soviética. Outra inspiração óbvia – e que a gente adora – é o cardápio de vodcas, cheio de infusões e outros toques que só os amigos russos sabem fazer. Os Martinis também são incríveis.

 Nolita: *281 Lafayette St, entre Jersey St e Prince St (212-226-4944).*

 B'way – Lafayette St Ⓑ Ⓓ Ⓕ Ⓜ

 www.pravdany.com

> ROSE BAR

Putz, já vou te avisando: prepare-se para a cara na porta. Este é um dos bares mais exclusivos de Nova York. Também, fica num dos hotéis mais caros de Manhattan, o Gramercy Park Hotel. Vive cheio de celebs, um monte de wannabes tentando se enfiar, mas, se você conseguir, vai entrar num bar forrado de obras do Andy Warhol na parede, selecionadas por quem entende do assunto – o artista plástico Julian Schnabel, um dos sócios do bar. A seleção de bourbons é o foco original da carta de drinks, mas o Martini que eles fazem lá também é uma delícia. Peça com tudo. E fora que fica de frente para o Gramercy Park, na minha opinião, um dos lugares mais chiques para morar. Se for depois das 21h, reserve uma mesa pelo rosebar@gramercyparkhotel.com.

Midtown: *2 Lexington Ave, entre E 21st St e E 22nd St (212-920-3300).*

23 St

🐦 @GPHhotel

🌐 www.gramercyparkhotel.com

ACHO TUDO

A lareira do bar, que funciona nos meses de inverno. Superaconchegante.

ACHO CAÍDO

Conseguir entrar pode ser uma batalha e conseguir a atenção do garçom é outra tão árdua quanto. Força no carão.

GRAMERCY PARK

Em frente ao Rose Bar fica o Gramercy Park, um parque no meio da cidade com uma característica meio peculiar. Apesar de ocupar uma área pública, ele é privado, todo cercado, e só pode ser usado pelos moradores de seu entorno, que têm sua chave particular. Egoísta, né? Mas confesso que acho chique. Beeeem chique.

ACHO TUDO

Os lustres de franjinha que ficam em cima das mesas, super Japan style. Dão todo o clima.

ACHO CAÍDO

Não dá para ir em mais de quatro pessoas por causa do tamanho do lugar. Se seu grupo for maior que isso, pode esquecer.

> SAKE BAR SATSKO

É daqueles lugares "caixinha de fósforo", sabe? Umas mesinhas de um lado, balcãozinho pequeno do outro — só cabem 25 pessoas sentadas —, mas não se desempolgue, porque o Satsko é super "da vizinhança", então, em geral, é tranquilo e dá para se sentar rápido. No cardápio de bebidas, como o nome sugere, mais de 30 tipos de saquê, dos mais secos aos mais doces. Bem, é o que precisa para garantir a diversão, né? Também tem cerveja Sapporo à pressão, superlevinha. O menu é ok, mas não vai nada além do que se esperaria de um japa razoável.

East Village: *202 E 7ᵗʰ St, entre Ave B e Ave C (212-614-0933).*

2 Av (F)

www.satsko.com

> TERROIR

O Terroir é, na minha opinião, o mais charmoso da penca de wine bars que existem no East Village – esses que servem somente vinho, têm uma carta pequena de aperitivos italianos para petiscar e mais nada. Todo forrado de madeira, lembra também um restozinho de estação de ski. A seleção de vinhos muda constantemente, de acordo com os achados que os dois donos – italianos, of course – encontram em suas andanças mundo afora. Apesar da bancada comunitária no meio, pode ser um bom e casual lugar para um primeiro ou segundo encontro. Deu tão certo que abriram também em Tribeca e no Highline.

ACHO TUDO

O sanduíche de presunto de pato. Nunca tinha ouvido falar, mas provei e amei.

ACHO CAÍDO

O único metrô que chega lá perto é o L. Em dia de neve, que é quando a gente quer um bom vinho tinto, isso pode ser um belo desencorajador.

East Village: 413 E 12th St, entre Ave A e 1st Ave (646-602-1300) e também em Tribeca e no Highline.

1 Av

🐦 @terroirNY

🌐 www.wineisterroir.com

ACHO TUDO

O jardim externo, onde rola churrasco no verão. É ótimo porque também praticamente duplica a capacidade do lugar. E a decoração, no inverno, também pega tudo — uma biblioteca, lareiras, ambientes que parecem salas de estar e tudo meio escurinho —, mais cozy impossível.

ACHO CAÍDO

A gente se anima para ir a baladas no Brooklyn, mas na hora de voltar pode ser meio infernal. Tente descobrir um serviço de táxi na hora de ir embora, já que achar um amarelinho lá é praticamente impossível.

> UNION HALL

Bom também é cruzar a ponte e ir tomar umas do lado de lá do rio, né? Esse bar é um complexo que mistura programação musical de DJs com show de bandinhas locais do Brooklyn, mais duas pistas de bocce — ou bocha (sabe aquele jogo de pista de areia e bolas de metal que os velhinhos amam?). Aqui, graças ao bar, o esporte virou modinha entre os descolados da região. Então, meninas, podem ir preparadas, porque chove gatinho. Fora que tentar jogar a bola direito depois de umas a mais pode ser, no mínimo, uma experiência para se lembrar na posteridade, hahaha!

Brooklyn: 702 Union St, esquina com 5ª Ave — Park Slope (718-638-4400).

 Union St Ⓡ

 @UnionHallNY

 www.unionhallny.com

SE JOGA!

DEPOIS DE SE ACABAR NAS COMPRAS, RESTAURANTES E MUSEUS, NADA COMO UMA BOA BALADINHA, NÉ? ENTÃO AQUI VAI MEU PRIMEIRO AVISO: A NOITE DAQUI NÃO ANDA ASSIM TÃO FERVIDA COMO JÁ FOI. OS TEMPOS DO PUNK, DO CLUBBER, DA MONTAÇÃO, FORAM DEVORADOS PELOS PREFEITOS CONSERVADORES E PELO MERCADO IMOBILIÁRIO PREDATÓRIO. OUTRA COISA É QUE A VIBE "A FESTA NUNCA TERMINA" TAMBÉM ANDA EM BAIXA. MAS ISSO NÃO QUER DIZER QUE VOCÊ NÃO VAI ENCONTRAR BOAS OPÇÕES PARA SE DIVERTIR. NÃO SE ESQUEÇA DE LEVAR UMA PICTURE ID.

ACHO TUDO

Fica do lado do McCarren Park, parque entre as regiões de Williamsburg e Greenpoint, no Brooklyn. Mais discreto que o Central Park ou o Prospect Park, no verão junta uma galera local super cool. Faz do Brooklyn Bowl um programinha dois em um.

ACHO CAÍDO

Hipster às vezes pode ser meio preconceituoso com quem não é. Então capriche no look rocker, ou "lenhador urbano", e decore o nome de todas as bandinhas-sensação do momento se você quiser se dar bem por lá.

> BROOKLYN BOWL

Acho a ideia deles tudo – mistura de diner, bar, baladinha e boliche! São 16 pistas, old style, e é o destino predileto dos hipsters (didicionário: "hipster" é como a gente chama o pessoal descoladinho de Nova York, que em geral mora em Williamsburg e cercanias). Ame-os ou odeie-os, é essa galerinha que dita o novo e acaba agitando ideias criativas como a do BB. Também tem vários shows por lá – fique de olho na programação. E as comidinhas são tudo, feitas pelo pessoal da Blue Ribbon Brasserie – as pizzas estilo francês são de babar. Hummm, que déli!

 Williamsburg: *61 Wythe Ave, entre N 11th St e N 12th St (718-963-3369).*

 Bedford Av

 @brooklynbowl

 www.brooklynbowl.com

> CAKE SHOP

Este lugarzinho vive no meu coração – tantas reuniões de pauta do "Lugar Incomum" que eu já fiz por lá... Na entrada, é um cake shop mesmo, com bolos e muffins que levam nomes das bandas de rock famosas da cidade (amo o "Velvet Underground", de banana, humm!), sanduichinhos e afins. E cerveja, claro. Eles também vendem vinis por lá, numa linha "A Vida É Cheia de Som e Fúria" (sabe aquele filme sobre uma loja de discos bem roots, baseado no livro do Nick Hornby?). O lugar é Wi-Fi e, depois de uma certa hora, eles liberam o palquinho do subsolo para showzinhos de indie rock. Bem a cara da galera que circula pela região – o coração do Lower East Side. Depois, para manter a onda, entra um DJ, com seleçãozinha esperta de pérolas do new wave. Também tem performance falada, meio preguiça, mas pode ser legal para sacar a onda dessa cena artsy que agita a noite da área.

ACHO TUDO

Os assentos são puffs ou cadeiras antigas de salas de cinema de Nova York. Meio cozy, meio nostalgia.

ACHO CAÍDO

A coisa não vai até muito tarde ali. Depois dos shows e de um tempinho de DJ tocando, eles deixam claro que é hora de puxar o carro.

LES: *152 Ludlow St, entre Stanton St e Rivington St* (212-253-0036).

Delancey St (F)

@cakeshopnyc

www.cake-shop.com

ACHO TUDO

A disco ball que gira imperiosa no teto, bem no centro da pista. Dá o maior climão Saturday Night Fever.

ACHO CAÍDO

Eles alugam o espaço para festas de casamento. Mais cafona, impossível.

> CIELO

Não me chame de playboy, pleeeease! Bem, digo isso porque essa é a cena que você vai encontrar lá, já na fila. Mas não se assuste: prenda a respiração e entre. A recompensa está na pista. A qualidade do som é absurda, e todo mundo concorda que é a melhor, ou, senão, uma das melhores em Nova York. O bom (ou ruim, dependendo do seu espírito de comunhão com as multidões) é que o lugar não é tão grande assim, então se aquele gatinho (ou gatinha) que você viu na fila entrou, pode ter certeza de que você vai poder fazer a(o) despretensiosa(o) e num primeiro giro já vai dar de cara com ele(a). Na programação de DJs, tops dos anos 2000 como François K., que tem, já faz anos, a sua Space Monday, às segundas. Aliás, didica tendencinha aqui: a segunda é a nova sexta em Nova York, e a chance de você encontrar um pessoal mais cool é bem maior que nos lotados fins de semana.

MePa: 18 Little W 12th St, entre 9th Ave e Washington St (212 645-5700).

8 Av – 14 St Ⓐ Ⓒ Ⓔ Ⓛ

@CieloClub

www.cieloclub.com

PARTY TIME

Vários museus se arriscam a fazer suas baladinhas, mas a que eu acho mais divertida é a **One Step Beyond**, no Museum of Natural History. Além de ser uma ótima locação – de frente para o Central Park –, a programação de atrações musicais é ótima (já vi lá Passion Pit, Scissor Sisters, Hercules and Love Affair...). A festa é mensal, sempre numa sexta-feira, e começa cedinho, às 21h, o que é ótimo para quem quer ferver, mas aproveitar a cidade cedo no dia seguinte. Para conferir a programação e comprar ingressos, vá ao www.amnh.org/plan-your-visit/one-step-beyond.

POR FAVOR, REBOBINE

PARTY MONSTER (1998)

O promoter Michael Alig marcou a cena local dos anos 1990 com muita montação e muita, mas muita ferveção. Nos 2000, sua vida virou o filme "Party Monster". Macaulay Culkin fez um ótimo trabalho em recriar a lenda urbana para a telona e o filme é um ótimo retrato do que foi o movimento clubber na cidade.

Didica: tenha sempre uma picture id (documento com foto, que pode ser a carteira de motorista brasileira) para poder beber álcool sem neuras, já que aqui tudo é bem mais controlado que no Brasil. Detalhe importante: a idade mínima para comprar bebidas alcoólicas nas baladas é 21 anos. Nem pense em burlar a regra com o "jeitinho brasileiro" – isso pode dar cana, viu?

ACHO TUDO

Apesar do tamanho relativamente grande, o sistema de som dá conta do recado e você não sai com o ouvido zunindo, mesmo se ficar perto de uma das caixas.

ACHO CAÍDO

Essa história de porta é superchata. Afinal, quem sobe e não entra tem que descer o prédio inteiro com o rabo entre as pernas. Bem constrangedor.

> HIGHLINE BALLROOM

Não se assuste: essa casa de shows fica ao lado de um supermercado e, ao mesmo tempo, é uma das locações mais legais para apresentações do povo nova-iorquino que tá começando, ou crescendo na cena – de Arctic Monkeys e Peaches ao performer Justin Bond. Além disso, o Highline Ballroom ainda mantém o espírito relax de permitir apresentações de última hora. Então, quando for ver seu show, pode ir esperando uma surpresa. Quem sempre acaba dando pinta por lá é a bandinha que toca no talk-show do apresentador Jimmy Fallon, uma coisa meio músicos do Jô caindo na night. E eles sempre trazem amigos para fazer uma jam. Só fique de olho no calendário porque eu não sou a única a saber de tudo isso, né? Então, volta e meia, quando você clica no "buy tickets", já tá esgotado de velho.

Chelsea: 431 W 16th St, entre 9th Ave e 10th Ave (212-414-5994).

8 Av – 14 St Ⓐ Ⓒ Ⓔ Ⓛ

🐦 @HLBallroom

🌐 www.highlineballroom.com

> JOE'S PUB

Se você quer saber quem vai acontecer no mês, semestre ou ano seguinte no showbiz, pode ir para o Joe's Pub, que fica dentro do icônico Public Theater. Os caras, desde 1998, têm o faro mais apurado para descobrir quem está em ascensão. Imagine: o primeiro show da Amy Winehouse foi lá. Dito e feito: não se passaram meses e ela explodia com "Rehab". Eles também abrem espaço para gente cool de outros países e para nomes da cena musical cool de Nova York: Patti Smith, Laurie Anderson, entre outros, já se apresentaram ali. E, como se trata de um pub, se você pegar uma das mesas da frente, vai ficar literalmente colado com o artista.

 ACHO TUDO

São dois shows do mesmo artista na noite. Bom para quem tem horário, mas ainda assim quer ver as disputadas atrações.

 ACHO CAÍDO

Servem comida no meio do show. Nada mais irritante que o barulho do garfo batendo no prato enquanto a pessoa está cantando.

 Noho: *425 Lafayette St, entre E 4th St e Astor Place (212-539-8778).*

 Astor Place

 www.joespub.com

Courtesy of The Public Theater

PUBLIC THEATER

O JOE'S PUB FICA DENTRO DO PUBLIC THEA-TER, MECA DO TEATRO INDEPENDENTE EM NOVA YORK. ENTÃO, SE VOCÊ CURTE UMA PEÇA MAIS CABEÇA, LÁ HÁ UMA BOA CHAN-CE DE ENCONTRAR. FUNDADO EM 1954, O PRÉDIO TEM CINCO SALAS DE TEATRO E HOJE É TOMBADO COMO PATRIMÔNIO HIS-TÓRICO NACIONAL.

🐦 *@PublicTheaterNY*

🌐 www.publictheater.org

> LE BAIN

Não, eu não tô falando do Boom Boom Room, mas sim do outro clube também no topo do badaladérrimo Standard Hotel, este com outras diversões além da pista cheia de celebs, como piscina, terraço e mesas de bilhar. Depois de uma determinada hora, o povo se joga na água e aí já viu. As noites mais agitadas são a "Club Yes", nas quartas, e "Zig Zag", nas quintas, até porque sair para dançar no fim de semana é para iniciantes, hahaha! Então, fique de olho quando estiver por aqui e veja se tem festa deles rolando. E também capricha no RP, porque é dificílimo entrar na orelhada. Mas nada que o jeitinho brasileiro não consiga resolver.

ACHO TUDO

Finalmente apareceu um clubinho cool no MePa, um bairro que muitas vezes lota com um pessoal meio "escritório" demais. Thanks, Le Bain, por ajudar a levar uma galerinha bacana para lá!

ACHO CAÍDO

A parada de metrô mais próxima (a da linha L) fica na Oitava Avenida, e o clube fica quase na Décima. Não se iluda com o pensamento "ah, são só dois blocks", porque quarteirão horizontal de Manhattan é gigante, ainda mais depois de umas cervejas a mais.

 MePa: 848 Washington St, entre W 13th St e Little W 12th St (212-645-4646).

 8 Av – 14 St

@LeBainNYC

www.lebainnyc.com

ACHO TUDO

O lugar tem vários banheiros. Dá para sair da plateia rapidinho, voltar e encontrar a turma numa boa, sem perder muito dos shows.

ACHO CAÍDO

Os seguranças são muito invasivos, e às vezes ficam até dentro do banheiro. Meio constrangedor.

> (LE) POISSON ROUGE

Aqui tem vários showzinhos legais e eles não começam tarde, ou seja, dá para ir e chegar em casa, ops, no hotel, a tempo de aproveitar boas horas de sono e acordar inteiro no dia seguinte, pronto para mais um dia de maratona nova-iorquina. O (Le) Poisson Rouge fica no meio do Village, bem perto da New York University (uma das melhores universidades da cidade), então espere encontrar vários dos alunos por lá.

West Village: 158 Bleecker St, entre Sullivan St e Thompson St (212-505-3474).

Bleecker St **6**

@lprnyc

www.lepoissonrouge.com

> OUTPUT

A Output elevou o padrão das baladas em Williamsburg, que eram muitas vezes nômades e em lugares meio caídos. É a noitada da vez no bairro da moda, por isso vá sem medo e se prepare para gastar o sapato de tanto dançar. O sistema de som é de alta qualidade, as festas são frequentes e fica colado ao Wythe Hotel, just in case. A revista Rolling Stone elegeu o Output como um dos melhores clubs dos EUA. Vale avisar que é proibido fazer fotos lá dentro, ou seja, nada de selfies. Melhor assim, já que, depois de certa hora, o ideal mesmo é se poupar de qualquer registro mais comprometedor, hehehe.

ACHO TUDO

No verão eles fazem festas bem animadas no rooftop.

ACHO CAÍDO

Não é fácil encontrar um táxi para voltar para Manhattan.

Williamsburg: *74 Wythe Ave, esquina com N 12th St (sem telefone).*

Bedford Av

@OutputClubBK

 www.outputclub.com

ACHO TUDO

Para quem vem do Brasil louco para ver algum famoso ou famosa, esse até então tem sido um dos pontos mais prováveis de encontrar um(a). Fique de olho e celulares preparados, hehehe.

ACHO CAÍDO

Justamente pelo ponto acima, às vezes a porta pode ser meio embaçada de entrar. Seja persistente!

> PAUL'S BABY GRAND

Já vá sabendo que o dono deste hotspot no Tribeca Grand Hotel é Paul Sevigny, um dos fundadores dos finados restaurantes (mas muito bem-sucedidos enquanto duraram) The Beatrice Inn e Kenmare, e irmão da atriz super cool Chloë Sevigny (que, aliás, é quem assina o uniforme do staff). O lugar é um mix de bar com lounge e atrai a mesma cena que ia aos dois lugares supracitados, ou seja, só a nata do cool nova-iorquino – por enquanto. Ou seja: até esse pessoal achar que tem muita gente "nada a ver" e escolher um novo "point do momento".

Tribeca: 2 6th Ave, entre White St e Walker St (212-519-6681).

Canal St Ⓐ Ⓒ Ⓔ

www.paulsbabygrand.com

> PIANOS

Mix de casa de shows ao vivo com DJs, funciona numa antiga loja de pianos estilo parisiense, daí o nome. O povo também costuma ficar na porta, seja para fumar seu cigarrinho (eca!) ou ficar de olho na galera que passa pelas ruas — já que o Pianos fica no miolo do agito do Lower East Side e acabou virando point queridinho dos hipsters do Brooklyn e do East Village também. Descolex style. Sorry, mas menores de 21 não podem entrar.

ACHO TUDO

A localização, sem dúvida uma das mais bacanas da cidade. Ir para lá é comungar com a galerinha cool de Nova York.

ACHO CAÍDO

Demora horas para pegar um drink. Deve ser porque os bartenders são tão cool quanto os frequentadores, daí ficam papeando horas, ou acham que é um favor te servir.

LES: *158 Ludlow St, esquina com Stanton St (212-505-3733).*

Delancey St **F** **M** **J** **Z**

@PianosNYC

www.pianosnyc.com

ACHO TUDO

Essa é uma das poucas noites de domingo que realmente vão até tarde.

ACHO CAÍDO

Os caras da porta são metidos a conhecer todo mundo e podem ser chatos se você for marinheiro de primeira viagem. Conselho: capricha na montação à la Morrisey, que ajuda a furar o cerco.

> SWAY

Este é um lugar que bomba aos domingos. O porquê? A Morrisey Night, que começou faz mais de dez anos e segue animando a noite da região. Só tocam hits do deus dos anos 1980 e coisas nessa linha. A-do-ro! Nada, nada de eletrônico, só rockzinho desses tempos. O povo acredita na montação e se inspira no look roqueiro para aparecer por lá. Pode caprichar também, que todo mundo vai adorar. Outra coisa boa: tem bastante mesa, se você só quiser ficar observando a cena. Abre de quinta a domingo.

Soho: *305 Spring St, entre Hudson St e Renwick St (212-620-5220).*

Spring St Ⓐ Ⓒ Ⓔ

www.swaylounge.com

> TERMINAL 5

ACHO TUDO

Parece filial do Coachella (o megafestival que rola no deserto da Califórnia todo mês de abril), porque todo mundo que toca lá vai se apresentar antes ou depois no Terminal 5. Lugar grande, com uma arquitetura esperta, superfácil de ver o show de onde quer que você esteja. Eles também têm uma área ao ar livre com sofazões, onde se vende um hambúrguer delicinha se bater fome de última hora. Didica para você ler e guardar para si e para sua turma: tem uma escada que sai dessa área e cai num canto da pista que dá para você se esgueirar e chegar bem perto do palco. Anotou? Agora ssshhhhh! E vá se enfiando que o palco espera você.

Mesmo quando dizem que acabaram os ingressos, tem muita gente que vai vender o seu. Tente comprar da galera que acabou tomando um cano de última hora, e não dos malandros metidos a cambista, tá?

ACHO CAÍDO

Fica meio longe das linhas de metrô. Na hora de ir embora, você praticamente tem que se estapear por um táxi ou andar quilômetros. Já vá se preparando espiritualmente.

 Midtown: 610 W 56th St, entre 12th Ave e 11th Ave (212-582-6600).

 59 St – Columbus Circle
 A C B D 1

 @terminal5nyc

⊕ www.terminal5nyc.com

ACHO TUDO

Fica no East Village e, quando acaba o show, tem várias outras coisas para fazer por ali.

ACHO CAÍDO

O andar de cima, que tem uma vista ótima, é uma área VIP sem nenhum VIP dentro. Uma coisa meio convites para o pessoal da firma que organizou. Liberem o espaço, please.

> WEBSTER HALL

Um dos poucos que sobraram da era dos megaclubes, soube se reciclar virando lugar para apresentações de DJs superstars e bandas legais de outros países. A decoração é meio uó (beeeeem uó aliás, afff), a bebida é cara, mas vira e mexe tem alguém que eu amo se apresentando por lá. Essa coisa megaclube também me parece meio fora do seu tempo: sou bem mais fã de lugar pequenininho do que desses de duzentos andares, com mais duzentos ambientes. Mas a programação é tão boa que vale o sacrifício. Compre a entrada na internet, que facilita a vida. Aberto quinta, sexta e sábado.

 East Village: *125 E 11th St, entre 4th Ave e 3rd Ave (212-353-1600).*

 Astor Place

 @WebsterHall

🌐 www.websterhall.com

NOVA YORK
"SUJINHA"

NOVA YORK É FETICHE GLAM DE MUITA GENTE, GRAÇAS ÀS SUAS LOJAS CARÉSIMAS, PRÉDIOS IMPONENTES E LOCAÇÕES CINEMATOGRÁFICAS, MAS A CIDADE TEM TODO UM LADO "PÉ SUJO" QUE NÃO DÁ PARA ESQUECER. NÃO SÓ PORQUE FAZ PARTE DA AURA "ROCK AND ROLL" DA BIG APPLE, MAS TAMBÉM PORQUE TEM UM MONTE DE COISAS IMPERDÍVEIS QUE ESTÃO ALI DISFARÇADAS POR DEBAIXO DA POEIRA. SÓ NÃO SE ESQUEÇA DE LAVAR BEM AS MÃOS DEPOIS, KKKKKK.

> BRECHÓS

Um mergulho nos brechós de NY é indispensável e vale super a pena, porque os achados são absurdos. Mas para você não ficar batendo perna à toa e caindo em armadilha, aqui vai a minha lista dos melhores:

AMARCORD VINTAGE FASHION
Soho: 252 Lafayette St, entre Prince St e Spring St (212-431-4161) ou Williamsburg: 223 Bedford Ave, entre N 4th St e N 5th St (718-963-4001).

🐦 *@amarcordvintage*

🌐 www.amarcordvintagefashion.com

BEACON'S CLOSET
West Village: 10 W 13th St, entre 5th Ave e 6th Ave (917-261-4863) ou Greenpoint: 74 Guernsey St (718-486-0816).

🐦 *@beaconscloset*

🌐 www.beaconscloset.com

FABULOUS FANNY'S
East Village: 335 E 9th St, entre 1st Ave e 2nd Ave (212-533-0637).

🌐 www.fabulousfannys.com

RESURRECTION VINTAGE CLOTHING
Nolita: 217 Mott St, entre Prince St e Spring St (212-625-1374).

🌐 www.resurrectionvintage.com

WHAT GOES AROUND COMES AROUND
Soho: 351 W Broadway, entre Broome St e Grand St (212-343-1225).

🐦 *@WGACANY*

🌐 www.whatgoesaroundnyc.com

> EL NUEVO AMANECER

Passando pela porta, você talvez ache que aquilo ali seja um dos restaurantes mais sujos daqui, mas entre sem preconceito, porque o El Nuevo Amanecer é ponto de encontro clássico da galera cool do Lower East Side que quer economizar uns trocos, mas se jogar com tudo na comida latina. Tem pratos das cozinhas mexicana, cubana e porto-riquenha em porções bem servidas – o copo de frozen margherita é praticamente um balde. O staff é 100% latino-americano e eles só abrem à noite, ou seja, é uma ótima opção para forrar o estômago antes da balada na região.

 ACHO TUDO

O jukebox que só tem hits da música hispânica, é só você se levantar e escolher. Tem de tudo, de Miami Sound Machine a Shakira! A-m-o!

 ACHO CAÍDO

O banheiro, que podia ser menos sujinho. Afinal, sujinho = nojinho. Argh!

 LES: 117 Stanton St, entre Essex St e Ludlow St (212-387-9115).

 Delancey St (F)(M)(J)(Z)

ACHO TUDO

A área, apesar de sujinha, é super bem localizada. Quando bate a hora de ir embora, você tá perto de tudo e com várias linhas de metrô ao seu dispor.

ACHO CAÍDO

O trânsito na área é de enlouquecer! Nem pense em ir de táxi.

> FASHION DISTRICT

Também é conhecido como Garment District e fica entre a Times Square e o Chelsea. Ali se concentra tudo o que diz respeito à moda, ou melhor, à confecção dela. Tem loja de tudo – de botão, de tecido, de fita, de cadarço de tênis –, tudo no estilo "atacadão", ou seja, só vende em proporções gigantes e para empresas, mas se você arriscar o jeitinho brasileiro, inventar uma boa história, você pode fazer compras incríveis. Ali também ficam showrooms de várias marcas de roupa e duas das melhores escolas de moda do mundo: a Parson's e o Fashion Institute of Technology (FIT). Várias exposições do Museum at FIT são grátis e valem a pena. Tudo isso no meio de muito entulho, tecido empoeirado, gente gritando por um desconto... Quem disse que o mundo da moda é só glamour?

Midtown: "cercada" ao sul pela W 34th St, ao norte pela W 40th, ao leste pela 5th Ave e ao oeste pela 9th Ave.

34 St – Penn Station Ⓐ Ⓒ Ⓔ

www.garmentdistrictnyc.com
www.fitnyc.edu/museum

> MILON E PANNA II

Esses são os nomes dos restaurantes indianos mais tradicionais (e sujinhos) do East Village, e eu tô recomendando os dois juntos pelos seguintes motivos: primeiro, porque eles ficam lado a lado; e, segundo, porque têm praticamente a mesma comida e a mesma decoração (supercarregada de luzinhas que caem do teto, tem que andar curvado dentro deles até se sentar, acredita?). E o momento de escolha é o atrativo real da coisa, porque os donos dos dois restaurantes ficam na porta gritando entre si e com os clientes para convencer você a entrar em um deles até a palavra final. Prepare o tampão de ouvido!

East Village: 93 1ˢᵗ Ave, entre E 5ᵗʰ St e E 6ᵗʰ St (Milon: 212-228-4896 e Panna II: 212-598-4610).

2 Av Ⓕ

ACHO TUDO

Essa "briga" dos restaurantes existe há décadas (mesmo!), mas os dois seguem ali. Um exemplo saudável do espírito competitivo americano.

ACHO CAÍDO

Os pratos são muito condimentados e isso na maioria das vezes quer dizer PIMENTA na certa. Não se esqueça de checar 20 vezes com o garçom se o prato que você pediu não é muito "spicy", como eles dizem aqui. E nem um, nem outro aceita cartão de crédito.

AH, VÁ – POR QUE PAPAYA???

É tudo "culpa" de um suco de mamão (papaya, claro!), marca registrada da Papaya King, antes mesmo de eles venderem cachorro-quente (lá pelos idos de 1932).

ACHO TUDO

O Gray's Papaya fica aberto 24 horas por dia, 365 dias por ano! Ou seja: sua fome ainda vai ser salva pelo hot dog de US$ 1,50 grelhado na hora.

ACHO CAÍDO

Você tem que saber o que quer com a mesma velocidade em que os sanduíches ficam prontos. Os atendentes parecem estar sempre numa corrida contra o relógio, mesmo quando não tem fila no balcão. Chega a ser engraçado! Essa pressa faz parte da experiência de comer um hot dog em Nova York.

> PAPAYA KING E GRAY'S PAPAYA

Os alemães que me desculpem, mas cachorro-quente é uma instituição nova-iorquina. Os famosos hot dogs fazem parte do dia a dia da cidade. Dá para comprá-los sem medo em qualquer carrinho de rua (eu adoro as salsichas Hebrew National). Mas existe um tipo de restaurante "de rua" (é aberto para a calçada, não tem mesas, só balcão) que só vende hot dogs. Os mais famosos são o Papaya King e o Gray's Papaya. Todo nova-iorquino associa os dois nomes a um hot dog de qualidade nas ruas da cidade – ainda que nenhum dos dois seja realmente um exemplo de assepsia e limpeza nas suas instalações, hahahaha!

 PAPAYA KING: UES: 179 E 86th St, esquina com 3rd Ave ou East Village: 3 St Marks Pl.

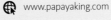 www.papayaking.com

 GRAY'S PAPAYA: UWS: 2090 Broadway, esquina com W 72nd St.

 72 St **1 2 3**

> PAUL'S
DA BURGER JOINT

Meio com cara de botecão de estrada, decorado com neons e placas com ditados e piadinhas populares nos EUA, é aqui que você vai encontrar um dos hambúrgueres mais suculentos de Downtown, sério! A carne vem molhadinha e o sanduíche vem transbordando de tanto recheio (tem trocentos tipos de ingredientes que você pode acrescentar). Só preste atenção que eles não aceitam cartão de crédito, ou seja, leve dinheiro vivo.

 East Village: 131 2nd Ave, entre E 7th St e Saint Mark's Place (212-529-3033).

  Astor Place

 www.paulsburgers.com

 SAINT MARK'S PLACE

A SAINT MARK'S PLACE É UM ÍCONE DA NOVA YORK SUJINHA, REDUTO DOS PUNKS QUE SOBRARAM NA CIDADE. ALÉM DE ÓTIMOS RESTAURANTES, TEM UMA SÉRIE DE BARRAQUINHAS (ENTRE A 2ND AVE E A 3RD AVE) QUE VENDEM ÓCULOS ESCUROS INCRÍVEIS A PREÇO DE BANANA. DUVIDO VOCÊ PASSAR POR LÁ E NÃO LEVAR AO MENOS UM PAR...

 ACHO TUDO

O hamburgão de plástico de quase dois metros de altura que fica na calçada do restaurante. Assim não tem como errar o endereço.

 ACHO CAÍDO

O pote de picles que eles deixam na mesa. Eu não ia me incomodar se estivesse na geladeira...

ACHO TUDO

A área do porão que vende bandanas para lutar kung fu, preservando o legado do Bruce Lee, hahaha!

ACHO CAÍDO

Apesar de ser uma loja tipicamente chinesa, não fica em Chinatown. Perde um pouco a autenticidade.

> PEARL RIVER MART

Passeio incrível para quem quer se aventurar pelo mundo do consumo dos chineses. É como uma loja de departamentos, mas só de artigos chineses. E tem de tudo mesmo: de gengibre cristalizado e lanterna a utensílios para cozinha, ervas medicinais e plantas típicas. Uma coisa meio compras, meio passeio turístico pelas peculiaridades culturais do Oriente.

Soho: 477 Broadway, entre Grand St e Broome St (212-431-4770).

Spring St 6

www.pearlriver.com

> TENEMENT MUSEUM

"Tenement" é mais ou menos o que a gente chama de cortiço no Brasil. Eles foram a moradia típica dos imigrantes que vieram para cá entre o fim do século 19 e o começo do 20. Para preservar essa parte da história da cidade, a prefeitura tombou um desses prédios no Lower East – onde viveram, entre 1863 e 1935, mais de sete mil pessoas vindas de 20 países diferentes. Dentro, eles recriaram os apartamentos para você ver como se vivia naquela época. Um trabalho impecável de restauração e museologia.

 ACHO TUDO

A riqueza de detalhes na reconstituição dos fatos. Tem até canequinha de café que realmente pertenceu ao morador do apartamento.

 ACHO CAÍDO

Tem partes do prédio que só dá para ver de fora. Fica um gostinho de quero mais, mas fazer o que?

 LES: 103 Orchard St, entre Broome St e Delancey St (212-982-8420).

 Essex St

 @tenementmuseum

 www.tenement.org

> WIGS AND PLUS

Olha, eu nunca me arrisquei pelo mundo do cabelo artificial (nem mega hair eu usei, tá? :P), mas esta loja de perucas é uma loucura, dá vontade de sair usando por aí... Tem de tudo quanto é cor, corte e, coisa boa, dizem que até Susan Sarandon e Donatella Versace fizeram comprinhas por lá. Também tem extensão de cabelo, pedaços de cabelo humano (eeeeewwww) e os acessórios necessários para você colocar isso na cabeça (a colinha especial, o pente etc.). Praticamente um museu da montação!

Midtown: 152 W 32nd St, entre 6th Ave e 7th Ave (212-695-0007).

34 St – Penn Station **①②③** **ⓃⓆⓇ**

 www.123wigs.com

SHOP, SHOP, SHOP

OK, OK, NOVA YORK TEM MUSEUS INCRÍVEIS, SHOWS IMPERDÍVEIS, LUGARES ÓTIMOS PARA COMER, SAIR, MIL COISAS ROLANDO, MAS VAMOS SER SINCEROS: A GENTE QUER COMPRAR TAMBÉM, NÉ? QUANDO CHEGUEI, FOI UM DESLUMBRE SÓ: É TANTA COISA E TÃO BEM EMBALADA QUE A GENTE VIVE CAINDO EM TENTAÇÃO... E BEIRANDO O DESPENHADEIRO DA FALÊNCIA, KKKK. PARA VOCÊ NÃO PASSAR NEM POR UM, NEM POR OUTRO, FIQUEI PENANDO PARA CONDENSAR O MUNDO MARAVILHOSO DAS COMPRAS QUE É ESTE LUGAR. AGORA É COM VOCÊ: PEGA ESSA CARTEIRA E VAI GASTAR!

> MODA

Os nomes mais importantes da moda estão aqui. Segue o meu best of:

ALEXANDER WANG

Soho: 103 Grand St, esquina com Mercer St.
@AlexanderWangNY
www.alexanderwang.com

Queridinho da cena fashion local, faz uma moda chique-despojada, com apelo "downtown" (e precinhos "uptown", of course!). Despontou em 2007 e não parou mais.

ALL SAINTS

Soho: 512 Broadway, entre Spring St e Broome St ou MePa: 415 W 13th St, entre 9th Ave e Washington St.
@AllSaints_
www.allsaints.com

Ícone do prêt-à-porter britânico, também tem loja em Nova York. Espere encontrar pitadinhas de "punk" (tô usando o termo de maneira beeeem aberta aqui, tá?) para camisetas, camisas e vestidos no clássico triunvirato cinza – preto – branco.

BALENCIAGA

Soho: 148 Mercer St, entre Prince St e W Houston St.
www.balenciaga.com

Não se deixe intimidar pelo ambiente meio sisudo, o atendimento metido e as roupas caríssimas (fora da real). O projeto é lindo, vale ver!

COACH

Midtown: 595 Madison Ave, esquina com E 57th St e também 79 5th Ave, esquina com E 16th St ou Soho: 143 Prince St, esquina com W Broadway ou UWS: Time Warner Center.
@Coach
www.coach.com

Fiquei super-honrada quando a Coach me convidou, em 2013, para participar da campanha "My New York Stories". Com isso, acabei conhecendo melhor a história da marca – fundada em Manhattan em 1941 – e me tornei fã pra valer das bolsas e sapatos feitos com couro da mais alta qualidade e os incríveis casacos de inverno. A Coach já tem lojas no Brasil, mas a flagship da Rua 57 é tão ampla e bonita que vale dar uma conferida.

COMME DES GARÇONS

Chelsea: 520 W 22nd St, entre 10th Ave e 11th Ave.
www.comme-des-garcons.com

Projeto incrível e curadoria impecável de Rei Kawakubo. Tudo muito caro, mas a visita é obrigatória!

IRO

Soho: 450 Broome St, esquina com Mercer St.
@IROPARIS
www.iroparis.com

Para a perfeita jaqueta Perfecto (opa, cometi uma redundância aqui?), você não precisa procurar muito — vá direto à loja da Iro que, garanto, encontrará o modelo que busca, mais várias peças básicas e essenciais para compor um look rock'n'roll "à la française". Ah, vale dizer que o jeito certo de chamar esta marca francesa é /iro/, assim mesmo como está escrito (e não /airo/, como seria a pronúncia americana).

J.CREW

UES: 769 Madison Ave, esquina com E 66th St e outros seis endereços.
@JCrew
www.jcrew.com

Com um pezinho no preppy e outro no fashion, a J.Crew é uma ótima pedida para você comprar peças básicas a preços decentes, Os "highlights", pra mim, são as malhas de cashmere, os blazers e as sapatilhas. Gosto também das peças criadas especialmente por outras marcas, como as bijuterias da designer Lulu Frost e os sapatos tipo "slippers" da Stubbs&Wootton. As lojas são bacanas, mas acho que a melhor experiência mesmo é comprar online e receber tudo embaladinho no conforto do seu hotel.

J.CREW MEN'S STORE

Tribeca: 235 W Broadway, esquina com White St e outros quatro endereços.
@JCrew
www.jcrew.com

A primeira butique "men's only" da marca abriu em Tribeca, onde ficava uma loja de bebidas alcoólicas — por isso o nome J.Crew Men's Liquor Store. Esta é a mais charmosa de todas, mas os outros pontos de venda masculinos da J.Crew também mantêm o clima escurinho e as roupas com cara de "worn-out" (ou usadinhas). 100% style.

JOHN VARVATOS AT CBGB

East Village: *315 Bowery, entre E 1ˢᵗ St e E 2ⁿᵈ St.*
@johnvarvatos
www.johnvarvatos.com

Revoltas à parte com o destino insólito que levou o CBGB, a loja é bacana, reverencia o rock (ainda que seja para vender mais camisetas e jeans) e tem personalidade.

LISA PERRY

UES: *988 Madison Ave, entre E 76ᵗʰ St e E 77ᵗʰ St.*
www.lisaperrystyle.com

Loja com climão pop-art/sixties, que se traduz em almofadas de vinil coloridas; ou com os dizeres "Love", "Peace", "Happy". Não deixe de ver os vestidos estilo Paco Rabanne, em trapézio, com cores flúor. Lin-dos!

LONGCHAMP

Soho: *132 Spring St, entre Greene St e Wooster St ou UES: 713 Madison Ave, entre E 63ʳᵈ e E 64ᵗʰ St.*
@Longchamp
www.longchamp.com

Para dar uma bombada na sua aura tradicional, a grife francesa chamou a Kate Moss para estrelar campanha, o Jeremy Scott para repaginar modelo de bolsa e fez essa flagship absurda no Soho. Tem tudo deles lá, em um espaço de três andares com cara de filme sci-fi retrozinho. E couro do bom e do melhor, of course.

MADEWELL

Soho: *486 Broadway, esquina com Broome St ou Midtown: 115 5ᵗʰ Ave, esquina com E 19ᵗʰ St ou UES: 1144 Madison Ave, esquina com E 85ᵗʰ St.*
@madewell1937
www.madewell.com

Do mesmo grupo da J.Crew, é 100% focada nos essenciais da moda americana, mas, diferentemente da "irmã" arrumadinha, faz uma moda mais despojada e com uma pegada meio retrô. Vale também se ligar na curadoria de produtos que eles fazem de outras grifes — caso, por exemplo, dos tamancos da Swedish Hasbeens. O site é ótimo, onde você pode comprar tanto a linha feminina quanto a masculina.

MAISON KITSUNÉ

Nomad: *1170 Broadway, esquina com W 28ᵗʰ St, no Nomad Hotel.*
@maison_kitsune
www.kitsune.fr

Depois do sucesso que fez nas araras da Barneys, Bergdorf Goodman, Opening Ceremony e cia., a marca/selo musical francesa abriu seu próprio espaço na cidade. Seleção completa, como nas lojas de Paris e Tóquio, incluindo coleção própria mais as parcerias exclusivas com supernomes da moda como Colette e Olympia Le Tan.

MAISON MARTIN MARGIELA
West Village: *803 Greenwich St, entre W 12*th *St e Jane St.*
www.maisonmartinmargiela.com

O Margiela é um dos nomes mais avant-garde que saíram da cena de estilistas da Bélgica. A Lady Gaga ama. Então, já dá para imaginar um pouco as roupas que você vai encontrar. Ame ou odeie, tem que conhecer a moda e a loja.

OSKLEN
Soho: *97 Wooster St, entre Prince St e Spring St.*
@Osklen
www.osklen.com

Tem vários dos hits que a loja vende no Brasil, como os tênis de pele de peixe, lindos e que você não vai achar em lugar nenhum do território americano; ou as bolsas — até a Madonna comprou uma. A loja também é toda feita sob as premissas básicas da bíblia eco-friendly.

PATRICIA FIELD
East Village: *306 Bowery, entre E Houston St e Bleecker St.*
@Pat_Field
www.patriciafield.com

Estilista, figurinista e outras loucurinhas mais, Patricia caiu nas graças dos nova-iorquinos depois que o "Sex and the City" a chamou para fazer o figurino de Carrie Bradshaw (alter ego de Sarah Jessica Parker). Aliás, levou até Emmy pelo trabalho. Bem, a loja tem quase tudo o que ela já fez na vida (de roupas) e até salão de cabeleireiro.

PHILLIP LIM
Soho: *115 Mercer St, entre Spring St e Prince St.*
www.31philliplim.com

O Phillip foi crescendo na cena lojas de departamento de luxo, mas graças a Deus abriu sua loja própria. Eu adoro, principalmente o acabamento das peças, cheio de detalhezinhos-surpresa que fazem toda a diferença na hora de montar o look.

PRADA

Soho: 575 Broadway, esquina com Prince St ou UES: 841 Madison Ave, esquina com E 70th St ou Midtown: 724 5th Ave, entre W 56th St e W 57th St ou 45 E 57th St, entre Park Ave e Madison Ave.
www.prada.com

Mais de 2.000 metros quadrados no coração do Soho, espaço projetado pelo super-arquiteto Rem Koolhass, com provadores hi-tech. Nem precisa se importar com as cifras astronômicas que as peças atingem. Visite a loja como se você estivesse num centro de arte contemporânea.

RAG AND BONE

MePa: 425 W 13th St, esquina com Washington St ou West Village: 100-104 Christopher St, entre Bleecker St e Bedford St ou Soho: 117 Mercer St, entre Howard St e Grand St ou Nolita: 73 E Houston St, esquina com Elizabeth St.
@rag_bone
www.rag-bone.com

Você pode já ter visto esse nome em todas as multimarcas e department stores daqui, mas se quiser mergulhar fundo na coleção completa – feminina e masculina – tem que ir nas lojas próprias. As peças contam com uma estética meio "British", meio "college", e sempre com refinamento acima da média de outras marcas de "casualwear". Eu adoro.

RALPH LAUREN

UES: 867 Madison Ave, entre E 71st St e E 72nd St (for him) e 888 Madison Ave, esquina com E 72nd St (for her and for home).
www.ralphlauren.com

Luxo, poder e riqueza em quatro andares – essa é para você ver como os ricos americanos do começo do século 20 viviam no Upper East Side (a loja está dentro de uma mansão da época). Ah, e como os do século 21 se vestem agora.

SANDRO

West Village: 415 Bleecker St, entre W 11th St e Bank St ou Nolita: 8 Prince St, entre Bowery e Elizabeth St ou Williamsburg: 65 N 6th St, entre Wythe Ave e Kent Ave.
@SandroParis
www.sandro-paris.com

A Sandro é mais um caso, assim como Zadig & Voltaire e Iro, de marcas francesas que entraram no mercado americano através de multimarcas e depois decidiram ter lojas próprias, de tanto sucesso com o público americano. A moda da Sandro é criada pela estilista Evelyne e seu filho Ilan Chetrite, sendo que ela desenha a linha feminina e ele, a masculina.

STELLA MCCARTNEY

Soho: *112 Greene St, entre Spring St e Prince St.*
@StellaMcCartney
www.stellamccartney.com

Adoro o corte, supermoderno. E os sapatos. E as bolsas. E a loja. O projeto é muito lindo! Ela também é super da turma do PETA, então pode comprar e dormir tranquila. Com a ecologia, né? Já com o cartão de crédito...

VINCE

UWS: *244 Columbus Ave, entre W 71ˢᵗ St e W 72ⁿᵈ St ou* UES: *980 Madison Ave, esquina com E 76ᵗʰ St ou* Soho: *89 Mercer St, entre Broome St e Spring St ou* Nolita: *16 Prince St, esquina com Elizabeth St ou* MePa: *833 Washington St, esquina com*

Little W 12ᵗʰ St.
@VinceSays
www.vince.com

Moderna, clean, mas ao mesmo tempo confortável. Ou seja, ótima para você rechear seu guarda-roupa com básicos sempre necessários. A marca, original de Los Angeles, tem, entre os hits que adoro, o cashmere, que é de ótima qualidade e de preço relativamente acessível.

Y-3

Soho: *92 Greene St, entre Spring St e Prince St.*
@adidasY3
www.y-3.com

Yohji Yamamoto é um dos mestres da moda nipônica e suas peças "cerebrais" encontram um tom mais acessível na Y-3, em parceria com a Adidas. Uma coisa meio "é moderno, mas eu posso usar", ou seja, as peças todas têm um conceitinho e ao mesmo tempo funcionam superbem no dia a dia, especialmente nos looks esportivos.

YIGAL AZROUËL

UES: *1011 Madison Ave, esquina com E 78ᵗʰ St.*
www.yigal-azrouel.com

Sou fã da moda desenhada por esse estilista israelense, que cria roupas modernosas e superfemininas — sempre com detalhes interessantes como recortes estratégicos, drapeados assimétricos ou modelagem em viés. Opção perfeita para as mulheres que precisam estar mais arrumadas no trabalho, ou para você que — como eu — curte ir a festinhas mil, hehehe. A Cut 25 é a segunda linha da marca, mais esportiva e mais acessível.

ZADIG & VOLTAIRE

MePa: 831 Washington St, entre Gansevoort St e Little W 12th St ou West Village: 409 Bleecker St, entre W 11th St e Bank St ou Soho: 153 Mercer St, entre Prince St e W Houston St ou UES: 992 Madison Ave, esquina com E 77th St.
@zadigetvoltaire
www.zadig-et-voltaire.com

Dior, Chanel, Lavin? Adoro! Mas, ainda assim, diria que, das marcas francesas, a Zadig & Voltaire é uma das minhas favoritas. Claro que o fator financeiro influencia (afinal, os preços praticados pelas grifes mais top são um tanto quanto impraticáveis pra loira aqui), mas a real é

que eu adoro a moda rock'n'roll "à la française" que a Zadig faz. As roupas têm uma pegada básica, porém "edgy" (ousadinha), perfeitas para um look urbano cheio de charme.

> 57TH STREET

Uma das principais vias de comércio de Nova York é, claro, a Quinta Avenida, mas a 57th Street, do lado East, também merece atenção. Ali se concentram, especialmente no quarteirão entre a Madison e a Fifth Avenue, flagship stores (lojas-modelo) de várias das marcas mais célebres do mundo. E, por flagship, entendam-se empreendimentos de proporções generosas, com arquitetura primorosa, vitrines arrebatadoras e seleção de produtos muitas vezes difíceis de encontrar em outros endereços da mesma grife.

> MULTIMARCAS

Nada melhor do que uma loja que já faz uma pré-seleção de tudo o que está rolando para economizar nosso tempo, ainda mais em viagem. Estas eu super-recomendo:

ANTHROPOLOGIE

Midtown: 50 Rockefeller Plaza - W 50th St ou 85 5th Ave, entre W 16th St e W 17th St ou Soho: 375 W Broadway, entre Spring St e Broome St ou Chelsea: Chelsea Market ou UES: 1230 3rd Ave, entre E 71st e E 72nd St.
@Anthropologie
www.anthropologie.com

A moda (naquela linha boho, meio "brechó de mentira") é fofa, se bem que gosto mais da seleção de objetos para casa do que das roupas em si. Mas sei que tem muita gente que se identifica com os looks da loja, então vale a pena checar.

CURVE

Noho: 57 Bond St, esquina com Bowery.
@SHOPCURVE
www.shopcurve.com

Multimarcas da antenadíssima Nevena Borissova, que sempre está "ahead of the curve" quando o assunto é moda. Mesmo que você não vá comprar uma camisetinha de US$ 500, vale a visita para ver o que ela seleciona entre as marcas mais estilosas do planeta.

DOVER STREET MARKET

Nomad: 160 Lexington Ave, esquina com E 30th St.
www.newyork.doverstreetmarket.com

Depois de Tóquio, Londres e Paris, chegou (finalmente) a vez de Nova York ter sua filial da famosa loja de Rei Kawakubo, fashion icon japonesa e cabeça criativa da marca Comme des Garçons. Vários andares com peças de uma curadoria única e uma Rose Bakery também. Leve o cartão de crédito platinum ou a mala de dólares.

FIVESTORY NY

UES: 18 E 69th St, entre Madison Ave e 5th Ave.
@FivestoryNY
www.fivestoryny.com

Ideia da ex-galerista e atual fashionista Claire Distenfeld, é a resposta americana para a multiconceito Colette, de Paris. Seleção superesperta de marcas de Alexander Wang a Peter Pilotto, entre outros nomes. Amo as joias de Sylvia Toledano, pintora francesa que faz peças "mara" com cristais austríacos e pedras preciosas capazes de levantar qualquer look.

INTERMIX

West Village: *365 Bleecker St, esquina com Charles St ou Soho: 98 Prince St, entre Mercer St e Greene St ou Midtown: 125 5th Ave, entre E 19th St e E 20th St ou UWS: 210 Columbus Ave, entre W 69th St e W 70th St ou UES: 1003 Madison Ave, entre E 77th St e E 78th St ou Brooklyn: 140 Smith St, entre Bergen St e Dean St.*
@INTERMIX
www.intermixonline.com

Vende desde marcas menos conhecidas (no Brasil) até nomes consagrados como Diane von Fustenberg, Chloé e Helmut Lang. Mas os estoques são pequenos, então, se gostou, compre!

JEFFREY

MePa: *449 W 14th St, entre 9th Ave e 10th Ave.*
www.jeffreynewyork.com

Tudo carésimo, no nível do impagável. Mas a seleção de marcas, tanto de roupas como de acessórios, é incrível — Prada, Michael Kors, DSquared[2] e por aí vai!

KIRNA ZABÊTE

Soho: *477 Broome St, entre Greene St e Wooster St.*
@KirnaZabete
www.kirnazabete.com

Mix esperto de marcas, representante exclusiva de vários nomões (e nominhos) em Downtown. Por exemplo, Azzedine Alaïa e Balmain, lá você vai achar. E a seleção de designers menos famosos segue o conceito dos mais. Também é boa para acessórios.

OAK

Noho: *28 Bond St, entre Bowery e Lafayette St.*
@OAKNYC
www.oaknyc.com

Esta trouxe um pouquinho mais do Brooklyn style para Manhattan. A multimarcas começou em Williamsburg (onde ainda tem loja) e conquistou o povo da ilha com um grupo de designers modernos. Eles às vezes compram uma só peça de uma marca, tudo para manter esse conceito. Também tem linha própria.

OPENING CEREMONY

Soho: *33-35 Howard St, entre Crosby St e Broadway.*
@openingceremony
www.openingceremony.us

Para mim, não tem como ir a Nova York sem passar na OC. Das multimarcas da cidade, é a mais conceito, com tradição no assunto. A dupla por trás do nome, Carol Lim e Humberto Leon, é também quem comanda a direção criativa da Kenzo, ou seja, os dois são megaentendidos de moda. O legal também é que todo ano eles elegem um país como tema, enchendo a loja de designers do lugar escolhido, em geral nomes ainda não muito conhecidos, mas que passam pelo rigoroso crivo do duo fashionista.

OTTE

UES: *1232 3rd Ave, entre E 71st St e E 72nd St.*
@Otteny
www.otteny.com

Gosto dessa multimarcas porque ela sempre traz um nome novo do qual eu nunca tinha ouvido falar — e olha que sou bastante ligada em moda, hehehe. Fora que opção não falta: são mais de 100 marcas que eles representam, num espaço relativamente pequeno; e chega coisa nova quase diariamente. Ou seja, trabalho de garimpeiro, prepare-se para perder boas horas ali.

SCOOP

Soho: *473-475 Broadway, entre Grand St e Broome St ou MePa: 430 W 14th St, esquina com Washington St e também no UES: 1273-1277 3rd Ave, entre E 73rd St e E 74th St.*
@SCOOPNYC
www.scoopnyc.com

Essa é multi mesmo. São mais de 100 designers representados por eles. O atendimento é, em geral, por meninas que são ou foram figurinistas e têm um certo olhar que pode ajudar na hora de decidir entre uma peça e outra.

STEVEN ALAN

Tribeca: *103 Franklin St, entre Church St e W Broadway* ou West Village: *69 8th Ave, entre W 13th St e W 14th St* ou Nolita: *229 Elizabeth St, esquina com a Prince St* ou UWS: *465 Amsterdam Ave, entre W 82nd St e W 83rd St* ou Chelsea: *140 10th Ave, entre W 18th St e W 19th St* ou Brooklyn: *349 Atlantic Ave, esquina com Hoyt St.*
@Steven_Alan
www.stevenalan.com

Super New Yorker, o Steven inventa o próprio xadrez, com combinações lindas de cores, e faz as camisas (femininas e masculinas) em cortes diferentes – você escolhe o que melhor se encaixa no seu corpo. E ele vende também outras marcas, num mix que segue esse conceito.

URBAN OUTFITTERS

Soho: *628 Broadway, entre W Houston St e Bleecker St* e mais dez endereços.
@UrbanOutfitters
www.urbanoutfitters.com

A Urban Outfitters é mais que uma multimarcas, é um parque de diversões. Digo isso porque o toque "fun" das marcas que eles escolhem fica mais atraente ao lado de toda a parafernália à venda ali dentro – livros curiosos, artigos de casa e bobagens tipo edições de "Onde Está Wally?", que, aliás, aqui é Waldo, caso você tenha se interessado, hehehe.

> FAST FASHION

A gente quer se vestir bem... Comer bem... Sair bem... Haja orçamento, não? Essas lojas ajudam você a estar fantástica sem ter que vender a mãe por causa disso.

H&M

Midtown: *640 5th Ave, entre W 51st St e W 52nd St.*
@hmusa
www.hm.com

Tudo o que você vê nas lojas caras vai encontrar em versão mais barata (muuuuito mais barata) na H&M. Claro que isso também se reflete na qualidade dos tecidos e dos cortes, mas rasgou, compra outra. H&M é assim de barato, juro! Os acessórios (colares, faixas de cabelo, meias etc.) valem super a pena para dar aquela mudada no visual.

OLD NAVY

Soho: *503 Broadway, entre Broome St e Spring St, além de vários outros endereços.*
@OldNavy
www.oldnavy.com

Porque todo mundo precisa de básicos no guarda-roupa também, né? Roupas para todas as idades, com grande variedade, ideais para o low, do high-low. Você talvez precise comprar uma nova mala depois, mas já vá avisada.

TOPSHOP E TOP MAN

Soho: *478 Broadway, entre Grand St e Broome St.*
@topmanUSA @Topshop
www.topshop.com
www.topman.com

Assim como a H&M, essa também está de olho no que os designers estão fazendo. É mais chiquezinha (e, portanto, mais carinha). A rede inglesa chegou por aqui e conquistou a todos. Tanto a moda feminina quanto a masculina (Top Man) são muito bacanas – e tem aquela pegada "edgy" londrina que faz toda a diferença.

UNIQLO

Midtown: *666 5th Ave, esquina com W 53rd St e 31 W 34th St, entre 5th Ave e 6th Ave ou*
Soho: *546 Broadway, entre Spring St e Prince St.*
@UniqloUSA
www.uniqlo.com

A Uniqlo é a versão japa das duas anteriores. Então tem um toque maior de japanese pop. No inverno, eles lançam malhas de cashmere de todas as cores do arco-íris, em váaaarios modelos, a preços bem módicos. A linha Heat Tech, de blusas e leggings com tecido tecnológico que esquentam (para usar embaixo da roupa), também é o máximo. Fique de olho nas araras de liquidação, porque eles abaixam bem o preço das coisas nessas ocasiões.

> ACESSÓRIOS

ALEXIS BITTAR

Soho: *465 Broome St, entre Greene St e Mercer St ou UES: 1100 Madison Ave, entre E 82nd St e E 83rd St ou UWS: 410 Columbus Ave entre W 79th St e W 80th St ou West Village: 353 Bleecker St, entre W 10th St e Charles St.*
www.alexisbittar.com

O que a atriz Vanessa Redgrave e Queen Latifah poderiam ter em comum? As duas, e várias outras celebs, compram suas bijoux ali. Inspiração artsy, texturas inesperadas, melhor "levanta ânimos" para o look impossível.

CHRISTIAN LOUBOUTIN

UES: *965 Madison Ave, entre E 75th St e E 76th St ou West Village: 59 Horatio St, esquina com Greenwich St.*
@LouboutinWorld
www.christianlouboutin.com

Sabe essa sola vermelha que começou a aparecer nos pezinhos de várias celebrities e depois virou febre mundo afora? É dele, do Louboutin, que entende como um salto alto levanta o astral da mulher e a libido dos homens. Tudo é caro, mas, se surte esse efeito, vale tentar, né? ;-)

JACK VARTANIAN

UES: *996 Madison Ave, entre E 77th St e E 78th St.*
@jackvartanian
www.jackvartanian.com

O que Demi Moore, Gisele Bündchen e Kate Hudson têm em comum, além de serem famosas e estonteantes? Bem, todas elas e várias outras celebs usam Jack Vartanian. O Jack, apesar do nome (e da ascendência armênia), é brasileiríssimo e faz joias lindas, que são uma boa opção para quem quer encontrar pedraria brasileira, ainda mais aqui, a infindáveis quilômetros de distância do Brasil.

JIMMY CHOO

UES: *716 Madison Ave, E 63rd St e E 64th St ou West Village: 407 Bleecker St, esquina com Bank St.*
@JimmyChooLtd
www.jimmychoo.com

Paraíso das sandálias de salto alto, baixo, médio… das sapatilhas, botas e escarpins. Bom, paraíso dos pisantes em geral.

PRETTY BALLERINAS

UES: *1034 Lexington Ave, entre E 73rd St e E 74th St ou 27 E 67th St, esquina com Madison Ave.*
@PBallerinas
www.prettyballerinas.us

Imagine uma loja que só vende sapatilhas. Não estou falando daquelas para balé, e sim de sapatos baixos, que imitam as sapatilhas de dança e estão nos closets de todas as garotas fashion que se prezem... Tem inclusive algumas bem maluquinhas, que eu adoro! E, para você se sentir uma diva, mesmo sem salto, os nomes dos modelos sempre homenageiam grandes atrizes do cinema... Tem a Marilyn, a Grace, a Greta. A empresa é espanhola e existe há 90 anos – e alguns modelos de sapatilhas são os mesmos desde então!

THREE MONKEYS EYEWEAR
Soho: 35 Spring St, entre Mott St e Mulberry St.
www.3monkeyseyewear.com

Cadeia chilena que faz uma seleção bem legal de armações de óculos das grandes maisons (Prada, Paul Smith etc.), misturadas a nomes mais "edgy". Nessa linha recomendo a We Are Plastic, com armações de estampa de leopardo.

TIFFANY & CO.
Midtown: 5th Ave, esquina com E 57th St ou
Downtown: 37 Wall St, entre William St e Broad St ou
Soho: 97 Greene St, entre Spring St e Prince St.
@TiffanyAndCo
www.tiffany.com

Acredite: tudo o que reluz ali dentro é ouro, sim! Senão, é diamante. Prepare-se para se dar chicotadas, cortar as mãos, senão é capaz de você sair completamente endividada. Mas, pelo menos, maravilhosa.

UGG
Midtown: 600 Madison Ave, entre E 57th St e E 58th St e outros três endereços.
@UGGaustralia
www.uggaustralia.com

Botas forradas de pele de carneiro com visual meio esquisitão, mas você se acostuma logo. Afinal, são excelente proteção para o asfalto gélido durante o inverno, além de extremamente confortáveis. Agora também fazem uma linha masculina.

> DEPARTMENT STORES

Visitá-las é um clássico nova-iorquino. E um passatempo que pode tomar um dia inteiro. Aqui, a lista das que valem a pena se esquecer do relógio.

BARNEYS

UES: *660 Madison Ave, esquina com E 61ˢᵗ St ou Brooklyn: 194 Atlantic Ave, entre Court St e Clinton St.*
@BarneysNY
www.barneys.com

Curadoria excelente (e caríssima) de marcas. Se estiver sem grana, tem de passar pelo menos no 9º andar, onde fica o restaurante Fred's. A comida é ótima e sempre tem algum famoso por lá – foi ali que eu vi o Steven Spielberg (ai, momento tiete, hahaha!).

BERGDORF GOODMAN

Midtown: *5ᵗʰ Ave, esquina com E 58ᵗʰ St.*
@Bergdorfs
www.bergdorfgoodman.com

Das department stores, a Bergdorf é a que tem a melhor área de sapatos – seleção incrível, boa variedade de marcas, tudo lindo (e caaaaaro). O 5ᵗʰ Floor, andar das marcas mais jovens, também merece uma visita mais demorada.

BLOOMINGDALE'S

UES: *Lexington Ave, entre E 59ᵗʰ St e E 60ᵗʰ St ou Soho: 504 Broadway, entre Broome St e Spring St – versão bem menor da loja.*
@Bloomingdales
www.bloomingdales.com

É a loja de departamentos mais tradicional de Nova York – existe desde o século 19. Um templo do luxo, mas aberto a todos. Bem, se até a Rainha Elizabeth II já visitou, não é você quem vai deixar de visitar, né? Saiba que como turista você tem direito a um desconto de 10% (pergunte no Customer Service).

CENTURY 21

Downtown: *22 Cortlandt St, entre Church St e Broadway ou UWS: 1972 Broadway, esquina com W 66ᵗʰ St.*
@century21stores
www.c21stores.com

Versão "loja-de-departamentos-vende-tudo" de todas as citadas anteriormente. Prepare-se para tropeçar em calças Prada, casacos Calvin Klein, tudo meio amassado, caído no chão, de coleções passadas... Bem, olhe os preços (baratésimos), que é capaz de você cair no chão desmaiada também.

HENRI BENDEL

Midtown: 712 5th Ave, entre W 55th St e W 56th St.
@henribendel
www.henribendel.com

A Henri Bendel é uma das lojas de departamentos mais tradicionais da cidade, com foco em bijuterias e joias, acessórios para cabelos, maquiagem, perfumes e bolsas. No último andar fica o salão Frederik Fekkai, caso você queira dar um belo trato nas madeixas. A HB é ainda um bom lugar para comprar presentes, já que a sacolinha listrada marrom e branco é sinônimo de "chiqueria pura".

SAKS FIFTH AVENUE

Midtown: 611 5th Ave, entre E 49th St e E 50th St.
@saks
www.saksfifthavenue.com

Ela abriu depois da Bloomingdale's, nos anos 1920, mas está ali, pau a pau. Para fugir dos preços exorbitantes, vá ao 5º andar, que tem marcas mais acessíveis.

> SPORTSWEAR

Se vier para cá em época de nevascas, você pode se aquecer na beira da lareira ou nas lojas a seguir:

BURTON

Soho: 106 Spring St, esquina com Mercer St.
@burtonsnowboard
www.burton.com

Para quem quer arrasar no snowboard, mesmo que só no estilo.

MONCLER

Soho: 90 Prince St, entre Broadway e Mercer St.
@monclerofficial
www.moncler.it

Para os mais abastados – as jaquetas forradas de pena de ganso são o "must" da marca. É comprar um casaco ali e fazer bonito em St. Moritz ou Gstaad, hahaha!

NORTH FACE

Soho: *139 Wooster St, entre Prince St e W Houston St* ou UWS: *2101 Broadway, entre W 73rd St e W 74th St.*
www.thenorthface.com

Jaquetas, coletes e roupas esportivas com estilo para todas as situações gélidas e aventureiras – para mulheres, homens e crianças. Já chegou ao Brasil, mas o preço das peças em Nova York é mais "amigo".

PARAGON SPORTS

Midtown: *867 Broadway, esquina com W 18th St.*
@paragonsports
www.paragonsports.com

Tudo, mas tudo meeeesmo, para esportes. A loja ocupa quase uma quadra inteira e tem artigos para todas as modalidades esportivas possíveis e imagináveis. Uma loucura!!! Para profissionais e amadores.

REI

Nolita: *303 Lafayette St, esquina com a E Houston St.*
@REI
www.rei.com

No histórico Puck Building, ou-tra megaloja para esportistas. Tem-de-tudo! Dá para passar o dia se entretendo.

THE TRACK&FIELD STORE

UES: *997 Madison Ave, entre E 77th St e E 78th St* ou Downtown: *Westfield WTC (em 2015).*
www.tfstore.us

Nepotismo à parte (afinal, meu marido é um dos sócios, nhaaaaa!), a Track&Field é, na minha opinião, a melhor opção para quem precisa de roupas de ginástica modernas, funcionais e... sexy! Adoro os tecidos supertecnológicos, que absorvem o suor – ótimos para uma malhação mais longa. Aqui você encontra o look esportivo-fashion perfeito para arrasar durante sua corridinha no Central Park.

> BELEZA

Beleza não põe a mesa, mas enche a mala, né? Aqui vai um dossiê com as lojas bacanas para você comprar ótimos cremes, loções e itens de maquiagem, e voltar para casa lindo(a)!

AESOP

West Village: *341 Bleecker St, entre Christopher St e W 10th St ou em outras seis lojas próprias em Manhattan, na Barneys e em outros pontos de venda selecionados.*
@aesopskincare
www.aesop.com

Marca australiana de cosméticos, é daquelas que te pegam pelo cheirinho bom já na porta. O carro-chefe são loções e cremes para rosto, corpo e cabelo, feitos com ingredientes antioxidantes e apresentados em frascos com uma cara meio "farmácia antiga", meio "laboratório de química". A Aesop tem uma identidade própria forte, por exemplo: não faz testes de produtos em animais. As lojas são um capítulo à parte, com seu visual retrô-chic.

AMORE PACIFIC

Soho: *114 Spring St, entre Greene St e Mercer St.*
www.amorepacific.com

O que todas as coreanas têm em comum? Fácil: primeiro, uma pele ma-ra-vi-lho-sa; segundo, uma preocupação (para não chamar de neura) absurda com estética. E qual o resultado desses dois fatores combinados? Marcas de cosméticos coreanas super-tecnológicas e inovadoras – caso da Amore Pacific, que tem entre seus produtos milagrosos o Color Control Cushion Compact, que deixa uma pele luminosa ao mesmo tempo em que protege dos raios solares (FPS50), hidrata, clareia e é antioxidante. Parece ficção, mas é pura tecnologia "made in Korea". #uau

C.O. BIGELOW

West Village: *414 6th Ave, esquina com W 9th St.*
@COBigelowNY
www.bigelowchemists.com

Uma das farmácias de manipulação mais antigas dos EUA. Não deixe de fuçar os cosméticos e, se você curte, os remédios homeopáticos.

CLYDES

UES: *926 Madison Ave, esquina com E 74th St.*
www.clydesonline.com

Essa é, para mim, a farmácia mais classuda do Upper East Side – e o detalhe bacana é que, além dos itens básicos (remédios, produtos de higiene pessoal etc.), na Clydes você também pode comprar cosméticos, maquiagem, cremes e loções das marcas mais-mais (La Roche Posay, Shiseido, Dior, por exemplo) e ainda mimos como velas perfumadas, shorts da Spanx e outras coisas tão imprescindíveis quanto, hehehe. Acho uma boa alternativa às grandes – e impessoais – seções de beleza das department stores.

KIEHL'S

East Village: *109 3rd Ave, entre E 13th St e E 14th St* ou UWS: *154 Columbus Ave, entre W 66th St e W 67th St e vários outros endereços.*
@Kiehls
www.kiehls.com

Focada em produtos de cabelo e pele, é um clássico nova-iorquino. Eles atendem de avental de laboratório, para mostrar que a coisa é séria. E, bem, as fórmulas são incríveis e deliciosas. Ficou na dúvida? Eles dão um monte de amostras grátis. Amo brindes!

MAC

Soho: *506 Broadway, entre Broome St e Spring St* ou West Village: *353 Bleecker, entre W 10th St e Charles St* ou Nomad: *175 5th Ave, entre E 22nd St e E 23rd St e outros cinco endereços.*
@MACCosmetics
www.maccosmetics.com

A MAC já chegou ao Brasil, mas se a diferença de preço ou a necessidade de comparar os lançamentos entre os dois países falar mais alto, você sempre pode ir a uma das lojas deles em NY. Gosto muito da filial do Soho, que é espaçosa e tem atendentes cheios de vontade de mostrar as últimas novidades.

NARS

West Village: *413 Bleecker St, entre W 11th St e Bank St* ou Soho: *124 Price St, entre Greene St e Wooster St* ou UES: *900 3rd Ave, esquina com E 54th St.*
@NARSissist
www.narscosmetics.com

O que dizer de uma marca de maquiagem cujo blush mais conhecido tem o nome de... Orgasm? E que um tempo depois lançou uma nova tonalidade, chamada... Super Orgasm?

Ui, quero djá, hehehe! Pois essa irreverência, aliada à altíssima qualidade dos produtos, é a alma da Nars, idealizada pelo top maquiador francês François Nars. Entre os destaques, recomendo o The Multiple, bastão multiuso para dar cor às pálpebras, bochechas e lábios – com cores inspiradoras como Malibu, Portofino e Copacabana.

RICKY'S

Tribeca: *375 Broadway, entre Franklin St e White St e outros sete endereços.*
@Rickys_NYC
www.rickysnyc.com
www.rickyshalloween.com

Recomendo para quem procura artigos de beleza mais "junkie", tipo sombras de olhos com glitter, cílios postiços gigantes e coloridos etc. É também o templo das fantasias na época do Halloween. São 20 ao todo nos quatro cantos de Manhattan e a mais divertida é a que vende as fantasias o ano inteiro, que fica em Tribeca.

SEPHORA

Midtown: *Times Square – W 42nd St, esquina com 7th Ave e mais 13 endereços.*
@Sephora
www.sephora.com

Mais de 150 linhas de produtos (e no site, 250!), tudo organizado por marcas, o que facilita bastante a compra. Para as mais desesperadas, a da Times Square fecha somente à meia--noite. As outras 14 têm horários variados.

ZITOMER'S

UES: *969 Madison Ave, entre E 75th St e E 76th S ou Midtown: 40th W 57th St, entre 5th Ave e 6th Ave.*
www.zitomer.com

Em vez de ficar fuçando uma coisa em cada lugar, uma boa pedida é correr para a Zitomer's, que é uma farmácia "vende-tudo". Sério. Tem todas as marcas bacanudas – Kérastase, Klorane, Paul Mitchell, Bumble&Bumble e ainda um milhão de acessórios para cabelos, vitaminas 1000 e mais um monte de frescurinhas.

> FARMÁCIAS 24 HORAS

Duane Reade, CVS e Walgreens 24 horas — fique ligado, que muitas dessas lojas ficam abertas non-stop. Além dos itens básicos de uma farmácia, também vendem alimentos, brinquedos, itens de papelaria, cartões de aniversário e até papéis para presente. Um bom quebra-galho para compras de última hora!

CVS

@CVS_Extra
www.cvs.com

DUANE READE

@DuaneReade
www.duanereade.com

WALGREENS 24H

@Walgreens
www.walgreens.com

> ESPECIALIDADES

A cidade tem lojas que vendem de tudo. Tô falando de coisas bem específicas, que só em Nova York você vai encontrar. A elas...

ART OF SHAVING

Midtown: 373 Madison Ave, entre E 45th St e E 46th St ou na Grand Central Station e outros 6 endereços.
@TheArtofShaving
www.theartofshaving.com

Já imaginou uma loja dedicada exclusivamente à arte de se barbear? É esta aqui. Se o namorado tá nervoso e precisando de um agradinho, manda para lá. Pelo menos barbeadinho e mais cheiroso ele vai voltar, pode ter certeza.

BABELAND

LES: 94 Rivington St, entre Ludlow St e Orchard St ou Soho: 43 Mercer St, entre Grand St e Broome St ou Brooklyn: 462 Bergen St, entre 5th Ave e 6th Ave.
@Babeland_NYC
www.babeland.com

Se você está precisando de uma apimentadinha na coisa

em casa e acha todos esses sex shops a coisa mais vulgar do planeta, vá lá que você vai mudar seus conceitos. A loja é uma graça, tem livrinhos, brinquedos etc., além de vendedoras prontas para aconselhar e dar dicas. Ah, sigilosas, que fique claro.

CANINE STYLES

UES: *1195 Lexington Ave, entre E 81st St e E 82nd St* ou UWS: *2231 Broadway, entre W 79th St e W 80th St* ou West Village: *59 Greenwich Ave, esquina com Perry St.*
@CanineStylesNYC
www.caninestyles.com

Fundada em 1959, essa loja é especializada em artigos para cães de fino trato – roupas trendy, coleiras com cristais Swarovski, brinquedos, gadgets e ossos nada triviais para o melhor amigo do homem. Também oferecem serviços de banho e tosa. Acho muito interessante como a butique se mantém fiel ao nome – a seleção é voltada apenas para cães e ponto final. Gatos, aqui, não têm vez.

CONTAINER STORE

UES: *725 Lexington Ave, esquina com E 58th St* e em Midtown: *629 6th Ave, entre W 18th St e W 19th St.*
@ContainerStore
www.containerstore.com

A-m-o! Tem tudo para organizar a vida, na cozinha, escritório, banheiro e lavanderia. Caixas de tudo quanto é tamanho, material e formato, para você "conter" todos os seus objetos, cacarecos e afins.

DIPTYQUE

West Village: *377 Bleecker St, entre Charles St e Perry St* ou UES: *971 Madison Ave, esquina com E 76th St.*
www.diptyqueparis.com

Eu adoro uma vela perfumada, e acho que é o tipo da coisa em que vale a pena investir, até porque se a ideia é que o cheiro tome conta do ambiente, então, que seja dos bons, certo? A marca francesa cria fragrâncias pra lá de especiais, e a linguagem visual dos tags – ovais, e sempre em preto e branco – é um charme à parte. Recentemente, eles resolveram se aventurar pelo mundo dos cosméticos, e lançaram uma linha para rosto e corpo que segue a mesma linha aromática, vale testar.

EVOLUTION STORE

Soho: *120 Spring St, entre Mercer St e Greene St.*
@TheEvolutionNYC
www.theevolutionstore.com

Se Darwin tivesse uma loja, seria a Evolution: um templo de bizarrices absurdinhas, como fósseis, animais empalhados, caveiras (verdadeiras e réplicas), insetos emoldurados e afins. Eles também alugam tudo isso, então periga você já ter visto muita coisa deles em filmes e seriados de TV por aí.

FLIGHT 001

West Village: *96 Greenwich Ave, entre W 12th St e W 13th St.*
@FLIGHT001
www.flight001.com

Viajantes inveterados vão surtar nesta loja que vende tudo para arrumar a mala perfeita. Saquinhos para roupas sujas, embalagens para sapatos, kits anti-jetlag, capinhas de passaporte, caixinhas para remédios, enfim, tudo.

HALCYON RECORDS

Dumbo: *57 Pearl St, esquina com Water St.*
@halcyon_nyc
www.halcyonline.com

Loja todinha de discos em Dumbo, bom pretexto para atravessar a ponte. Não só pelas raridades, mas também porque eles fazem eventos para mostrar o que têm, com DJs tocando e tal.

HAT CLUB

Soho: *103 Mercer St, esquina com Spring St.*
@HatClub
www.hatclub.com

Quem, como eu, curte a cultura do hip-hop, street style e afins, tem que ir ao Hat Club, que vende bonés de tudo quanto é tipo, cor, tecido, time e marca que você puder imaginar. Com a mesma inspiração, eles também oferecem acessórios bacanas entre mochilas, pulseiras, cachecóis, gorros e afins.

KATE'S PAPERIE

Soho: *188 Lafayette St, esquina com Broome St.*
@Kates_Paperie
www.katespaperie.com

Papelaria dos sonhos, com mais de 4.000 tipos de papéis e outros tantos (milhares) de fitinhas. Produtos para todas as situações, da pré-escola ao mestrado, ou simplesmente um acabamento de primeira quando você quer presentear alguém especial.

KUSMI TEA

UES: 1037 3rd Ave, entre E 61st St e E 62nd St ou Midtown: *Food Hall do Hotel Plaza.*
@KusmiTea
www.en.kusmitea.com

Existem chás... e chás. O Kusmi Tea é para os bons apreciadores. Também, existe há 140 anos! Sabores exóticos, embalagens lindas e algumas sacadas que eu adoro, por exemplo: a linha de chás Cool (para dar uma relaxada), Detox (um blend delicioso com doses mega de antioxidantes) e Love (com especiarias que induzem os sentidos, ui!).

MONOCLE SHOP

West Village: *535 Hudson St, esquina com Charles St*
www.monocle.com

A descoladíssima revista Monocle produz roupas e artigos para viagem com marcas super hypadas. Fragrâncias como a Comme des Garçons, óculos Oliver Peoples, carteiras Ettinger e outros apetrechos lindos. Vendem também todos os exemplares impressos da publicação.

PAPYRUS

Soho: *73 Spring St, entre Lafayette St e Crosby St e vários outros endereços.*
@Papyrus_Online
www.papyrusonline.com

Esta é outra papelaria (bem, são 16 delas em Manhattan), com pencas de itens fofos. Mas o que eu mais gosto são os cartões. Seja de aniversário, casamento, formatura: lindos e superoriginais.

PEARL PAINT

Tribeca: *308 Canal St, entre Broadway e Mercer St.*
www.pearlpaint.com

Futuros Picassos e Portinaris, esta é para vocês: um supermercado inteiro de artigos para quem faz (ou quer fazer) algum tipo de arte. E mesmo quem não faz, depois de uma visita, com certeza vai sair de lá querendo ser artista plástico — são seis andares com os produtos divididos por meio: tem a parte de desenho, de pintura, de escultura, artigos para airbrush e assim por diante. Também tem setor de molduras e decoração.

REBEL REBEL

West Village: 319 Bleecker St, entre Grove St e Christopher St.

Loja de discos que ainda resiste no Village, superprocurada pelos DJs locais. Os meninos que trabalham ali sabem um monte, especialmente de novidades das pistas. Vá lá consultar.

ROUGH TRADE

Williamsburg: 64 N 9th St, entre Wythe Ave e Kent Ave.
@RoughTradeNYC
www.roughtradenyc.com

Eu sei que as lojas de discos parecem coisa de vovozinha, mas até por isso indico essa — por causa do espírito roots de quem não quer deixar tal instituição morrer. A megaloja também tem programação de shows e DJs sets, e fica num bloco superindustrial daqueles (ainda) típicos de Williamsburg, com estoque de mais de 20 mil CDs e LPs. Ah, eles também vendem MP3. ;-)

TENDER BUTTONS

UES: 143 E 62nd St, entre 3rd Ave e Lexington Ave.
www.tenderbuttons-nyc.com

Em vez de loja, parece mais um museu de botões, de todos os tipos e épocas que você possa imaginar. É pitoresco! Os donos juram que você consegue mudar a cara de uma roupa só trocando os botões. Pela seleção, dá vontade de fazer o teste.

WILLIAMS SONOMA

UWS: No Time Warner Center — 10 Columbus Circle ou Chelsea: 110 7th Ave, entre W 16th St e W 17th St ou UES: 121 E 59th St, entre Lexington Ave e Park Ave ou 1175 Madison Ave, esquina com E 86th St.
@WilliamsSonoma
www.williams-sonoma.com

Essa loja faz pensar se lugar de mulher não é mesmo na cozinha. De mulher, de homem e de todo mundo que gosta de preparar a comida com um monte de acessórios úteis e outros nem tanto. Nada como uma boa frescurinha de vez em quando, né?

> CASA & DESIGN

A melhor parte do casamento é montar a casa, né? Aqui vão minhas dicas para o ninho de amor ficar mais aconchegante e impactante. E para você, solteiro(a) convicto(a), ajeitar o cafofo para a próxima conquista, hehehe!

ABC CARPET & HOME

Midtown: 888-881 Broadway, esquina com E 19th St.
@abchome
www.abchome.com

Produtos para a casa em seis andares, com foco em tapetes — antigos, modernos, feitos à mão, do Nepal, da Turquia... Tem "de um tudo". Dá para marcar antes por telefone um horário com um dos vendedores — o que eu aconselho, assim o giro fica mais focado.

BED BATH AND BEYOND

Tribeca: 270 Greenwich St, entre Warren St e Murray St ou Chelsea: 620 6th Ave, entre W 18th St e W 19th St ou UWS: 1932 Broadway, esquina com W 65th St e também no UES: 410 E 61st St, esquina com 1st Ave.
@BedBathBeyond
www.bedbathandbeyond.com

Para quem está fazendo enxoval, montando casa nova, ou quer dar um toquezinho a mais no décor, vale passar aqui, com tempo de sobra para se perder entre os corredores dessa megastore com tudo para cama (bed), banho (bath)... mas e o além (beyond)? Bem, a oferta é tanta que vai de capas de sofá a cortinas de tipos mil, passando por artigos em LED, vasos e utensílios domésticos em geral... Até removedor de neve tem. Mas foca no resto, que desse eu acho que você não vai precisar, hehehe.

C. WONDER

Soho: 72 Spring St, esquina com Crosby St ou UWS: Shops at Columbus Circle.
@cwonderstore
www.cwonder.com

Imagine uma loja que tem tudo o que as mulheres mais

gostam. Roupas, joias, acessórios, sapatos, bolsas e, como se não bastasse, uma sessão incrível de artigos de decoração. A C. Wonder é criativa e colorida e sua casa vai ficar mais alegre com os enfeites e detalhes deles.

CB2

Soho: 451 Broadway, entre Grand St e Canal St ou UES: 979 3rd Ave, esquina com E 58th St.
@CB2soho
www.cb2.com

Dos mesmos donos da Crate&Barrel. Vende móveis e acessórios para casa, mas com uma pegada mais moderninha, contemporânea.

CRATE&BARREL

Soho: 611 Broadway, esquina com W Houston St ou UES: 650 Madison Ave, esquina com E 59th St.
@CrateandBarrel
www.crateandbarrel.com

Uma coisa "design para as massas", do pote de açúcar ao sofá — especialmente em junho e na semana pós-Natal, quando artigos selecionados caem de preço.

DESIGN WITHIN REACH

Midtown: 957 3rd Ave, esquina com E 57th St ou 903 Broadway, esquina com E 20th St ou Soho: 110 Greene St, entre Prince St and Spring St ou UWS: 341 Columbus Ave, esquina com W 76th St.
@DWR_Tweets
www.dwr.com

A tradução já explica o conceito: design ao seu alcance. A proposta deles é vender peças de grandes nomes do design — Verner Panton, Harry Bertoia, Eero Saarinen — a preços acessíveis. Claro que tudo é relativo na vida, portanto, qualquer item aqui é mais caro do que na Crate&Barrel. Vai abrir loja nova na Greene St, no Soho.

INGO MAURER

Soho: 89 Grand St, esquina com Greene St.
www.ingo-maurer.com

Literalmente, um "gênio da lâmpada". Cria as luminárias mais originais da atualidade. Caras, sim, mas cheias de bossa e qualidade alemã impecável. O showroom é show. ;-) Dê uma passadinha.

JOHN DERIAN

East Village: *10 E 2nd St, entre 2nd Ave e Bowery.*
www.johnderian.com

Conhecido por seu trabalho de decupagem, faz pratos e enfeites de vidro lindos, com estampas diferenciadas, criativas e com um bom gosto que beira ao kitsch – por isso é tão interessante. Tem uma seleção bacana de objetos de decoração e, na loja ao lado, você encontra tecidos, colchas e tapeçarias que "ornam" perfeitamente.

JONATHAN ADLER

UES: *1097 Madison Ave, esquina com E 83rd St* ou UWS: *304 Columbus Ave, entre W 74th St e W 75th St* ou Soho: *53 Greene St, entre Grand St e Broome St* ou West Village: *37 Greenwich Ave, esquina com Charles St.*
@jonathanadler
www.jonathanadler.com

O rei do design "feliz" (ou seja, colorido, geométrico, kitsch). Também tem almofadas de tapeçaria incríveis. Aliás, ele (o Jonathan) é namorado do Simon Doonan, o todo-poderoso da Barneys, sabia?

LUMAS

Soho: *362 West Broadway, entre Broome St e Grand St.*
www.lumas.com

Veja bem, a Lumas não é uma galeria de arte e sim uma loja de arte. A proposta deles é oferecer fotos – de nomes novos a consagrados – a preços acessíveis para os art lovers. Tem de tudo: imagens de moda, de paisagem, abstratas, em cores ou P&B – todas devidamente assinadas pelos artistas. Como cada imagem tem uma reprodução de 75 a 150 cópias, o preço é mais acessível e você enfeita sua parede com uma verdadeira obra de arte.

MOMA DESIGN STORE

Midtown: *11 W 53rd St, entre 5th Ave e 6th Ave* ou Soho: *81 Spring St, entre Crosby St e Broadway.*
www.momastore.org

Catálogos das exposições do museu, publicações sobre arte, arquitetura e moda e produtinhos superdivertidos de diferentes designers fazem da loja do MoMA um passeio à parte. Se jogue!

MUJI

Midtown: *New York Times Building – 620 8th Ave, esquina com W 40th St ou Soho: 455 Broadway, entre Howard St e Grand St ou Chelsea: 16 W 19th St, entre 5th Ave e 6th Ave ou East Village: Cooper Square.*
@mujiusa
www.muji.us

Marca japonesa especializada em papelaria, acessórios para casa e móveis – tudo com o look zen-minimalista e dentro da filosofia "no-logo" – ou seja, nenhum produto tem sua marca estampada.

RESTORATION HARDWARE

Midtown: *935 Broadway, esquina com E 22nd St.*
www.restorationhardware.com

Não se deixe enganar pelo nome, esta não é uma loja de ferramentas, hehehe! Sim, eles vendem hardware – tipo penduradores, maçanetas e puxadores –, mas também são os reis da cama-mesa-e-banho de qualidade. Uma cama com os lençóis daqui é meio caminho andado para uma noite bem dormida!

WEST ELM

UWS: *1870 Broadway, entre W 61st St e W 62nd St ou Chelsea: 112 W 18th St, entre 6th Ave e 7th Ave ou Dumbo: 75 Front St, entre Washington St e Main St.*
@westelm
www.westelm.com

Artigos moderninhos para casa, muitos com visual orgânico (palha, bambu etc.) e precinho amigo. Eles também têm lofts inteiros montados dentro da loja, decorados com os produtos à venda. Uma coisa meio "visite o apartamento decorado" de lançamento imobiliário, só que com mais bom gosto.

WILLIAM WAYNE & CO.

UES: *846 Lexington Ave, entre E 64th St e E 65th St.*
www.william-wayne.com

Loja de decoração com inspiração inglesa onde gosto de comprar presentes. Com objetos diferenciados (facas de queijo com cabo de osso, porta-copos de espelho, copos antigos, cachepôs etc.), eles fazem pacotes lindos, coisa difícil de se conseguir nas lojas de departamento, por exemplo.

> GADGETS

Gadget é tudo aquilo que você não precisa, mas vai amar ter. Em bom português; cacareco, tranqueira, badulaque. Especialidade dos americanos que a gente adora.

E.A.T. GIFTS
UES: 1062 Madison Ave, entre E 80th St e E 81st St.
www.elizabar.com

A loja, que fica bem ao lado do restaurante de mesmo nome, vende um monte de tranqueiras, como guardanapos com frases célebres, cadernos para listar ex-maridos (ou ex-mulheres), brinquedos, balas, coisas temáticas de feriados (Halloween, Thanksgiving, Natal...), porta-copos com piadas etc. Haja criatividade.

HAMMACHER SCHLEMMER
Midtown: 147 E 57th St, entre 3rd Ave e Lexington Ave.
@Hammacher
www.hammacher.com

Loja com os artigos mais absurdos possíveis, tipo voice activated RTD2 (sabe o robô do Star Wars, né?), controle remoto em forma de varinha mágica (acionado pelo movimento), máquina de algodão-doce caseira etc.! Sensacional!

> ELETRÔNICOS

Vamos ao que interessa: os eletrônicos, que custam o olho da cara no Brasil, aqui têm preços super em conta. Mas não vá estourar a cota da alfândega, hein?

APPLE STORE
Soho: 103 Prince St, entre Mercer St e Greene St ou MePa: 401 W 14th St, esquina com 9th Ave ou UWS: 1981 Broadway, esquina com W 67th St ou Midtown: 767 5th Ave, esquina com E 59th St (flagship) e na Grand Central Station.
www.apple.com/retail

Everything Apple! Para os viciados em Apple, a loja da 5th Ave fica aberta 24 horas por dia, todos os dias do ano. Imagina acordar no meio da madrugada com uma megavontade de comprar um iPad? Em Nova

York você não passa vontade. As cinco Apple Stores da cidade são cheias de iMacs, iPads, iPods e iPhones para qualquer um experimentar, navegar, twittar, postar no blog, atualizar-se online etc. Têm Wi-Fi aberta, cursos, palestras e, claro, gente por todos os cantos.

B&H

Midtown: 420 9th Ave, entre W 33rd St e W 34th St.
@BHPhotoVideo
www.bhphotovideo.com

Um paraíso para quem quiser encontrar câmeras fotográficas, lentes, tripés, aparelhos eletrônicos dos mais variados e gadgets incríveis a preços supercompetitivos. A loja é interessantíssima, pois os produtos vão de um lado para o outro em esteiras rolantes e a maioria dos vendedores é formada por judeus ortodoxos. Por causa disso, a loja tem horários estranhos. Fecha às 13h na sexta e não funciona no sábado (shabat). Também fica com as portas fechadas em todos os feriados judaicos. Fique esperto. Outra dica é que dá para

comprar no site ou pelo telefone (falando em português) e ter tudinho entregue em casa, no Brasil.

J&R

Downtown: 1 Park Row, entre Ann St e Beekman St.
@JandR
www.jr.com

Outra megaloja de gadgets, que funciona desde 1971. Fora tudo o que possa ser ligado a uma tomada ou conectado à internet, a J&R também vende DVDs, CDs e jogos eletrônicos. Difícil é fazer todos os desejos caberem na alíquota de US$ 500 da alfândega brasileira.

> LIVRARIAS

Eu sei que, na era do iPad, livro é um artigo em extinção. Mas lembre-se, apesar do peso, você não tem limite fiscal na alfândega brasileira... E nada como folhear um livro "de verdade", vai? Por essas e por outras que este guia está nas suas mãos, trazendo dicas de livrarias bacanas.

BARNES AND NOBLE

UES: *150 E 86th St, entre 3rd Ave e Lexington Ave ou* Midtown: *33 E 17th St, entre Park Ave South e Broadway e mais quatro endereços.*
@BNbuzz
www.bn.com

Além de um acervo completíssimo de livros, adoro a seção "bargain books", com preços absurdamente baixos. Outra coisa boa de pegar lá são as leituras e palestras com nomões da literatura local e internacional. A minha favorita é a da 86th St, mas a da Union Square também vale a menção. Didica: o banheiro é super em ordem! Bom quebra-galho durante suas andanças.

BOOK MARC

West Village: *400 Bleecker St, entre Perry St e W 14th St.*
@MarcJacobsIntl
www.marcjacobs.com

Livraria do superdesigner Marc Jacobs. Uma das coisas mais legais é que eles vendem edições especiais, autografadas, de alguns livros de arte (quan-do eu fui tinha um do Mario Testino autografado, vi outro com rabiscos do Richard Prince!). O valor era altíssimo, mas tudo bem, para quem gosta de exclusividade, tá valendo... E o nome da livraria não podia ser melhor, né?

MCNALLY JACKSON BOOKS

Nolita: *52 Prince St, entre Mulberry St e Lafayette St.*
@mcnallyjackson
www.mcnallyjackson.com

Seleção ótima de non-fiction books. Vários de seus autores dão pinta – e palestra – no café da livraria também. Boa parada intelectual em Nolita.

PRINTED MATTER

Chelsea: *195 10th Ave, entre W 21st St e W 22nd St.*
@PRINTED_MATTER
www.printedmatter.org

Total e exclusivamente dedicada a livros de arte, de nomes que acabaram de surgir a outros megaestrelados que nunca vão desaparecer.

SAINT MARK'S BOOK SHOP

East Village: *31 3rd Ave, entre E 9th St e E 10th St.*
@stmarksbookshop
www.stmarksbookshop.com

Criada nos anos 1970, mais focada em livros de arte, fotografia e afins, também é ótima para publicações independentes, como poesia e revistas locais de literatura.

SHAKESPEARE & CO.

West Village: *716 Broadway com Washington Place e outros três endereços.*
www.shakeandco.com

Colada à New York University, espere ver por lá os tipinhos intelectuais da faculdade, comprando, ou só lendo livros. É superamigável com quem precisa apenas de um cantinho mais aconchegante.

STRAND BOOKS

Midtown: *828 Broadway, esquina com E 12th St.*
@strandbookstore
www.strandbooks.com

Livraria de títulos de segunda mão sobre tudo o que você possa imaginar. As prateleiras que dão para a rua ficam lotadas de exemplares pelos quais eles cobram apenas US$ 1,00. Isso mesmo, vou até escrever por extenso: um dólar!!!

TASCHEN

Soho: *107 Greene St, entre Spring St e Prince St.*
www.taschen.com

Adoro os livros de arte deles e mais ainda os catálogos de assuntos mais alternativos no sisudo mundo das letras, como moda, quadrinhos e sexo. Por exemplo, é da Taschen o "The Penis Book" – ui, ousado! Eles frequentemente colocam vários desses títulos em liquidação na loja do Soho, fique ligado!

PARA MENORES

QUEM ACHA QUE NOVA YORK É SÓ COISA DE ADULTO ESTÁ BEM ENGANADO. A CIDADE TEM UM MUNDÃO DE ATRAÇÕES PARA OS PIMPOLHOS QUE EU SÓ FUI DESCOBRIR AQUI MESMO. ALIÁS, MEU ROTEIRO É LEGITIMADO POR TRÊS GRANDES ENTENDEDORAS DO ASSUNTO: MINHAS FILHAS, QUE, COMO EU, PASSARAM ANOS DA VIDA DELAS AQUI E CHEGARAM SUPERANIMADAS PARA SE DIVERTIR. ESTE É O CAPÍTULO PARA SABER POR ONDE A GENTE ANDOU, O QUE A GENTE APRONTOU E O QUE A GENTE APROVOU.

ACHO TUDO

O programa Clown Care, em que uma trupe de palhaços deles leva o circo para hospitais pediátricos. Fofo e super-humanitário!

ACHO CAÍDO

Eles não funcionam em julho e agosto por causa das férias de verão. Entendo que eles merecem descanso, mas, poxa, é bem nas nossas férias de julho. :-(

> BIG APPLE CIRCUS

Fundado por Paul Binder e Michael Christensen em 1977 (os dois, ex-Nouveau Cirque de Paris), é o circo oficial da cidade. Nos anos 1990, migrou para o Lincoln Center, mais precisamente para o Damrosch Park, ao lado da Metropolian Opera House. Hoje é programa obrigatório – e satisfatório – para as crianças. Também, as atrações são inacreditáveis: monociclistas chineses, saltadores quenianos, contorcionistas da Mongólia, malabaristas etíopes e números com cavalos, cachorros e elefantes. Tudo embalado por uma superbanda tocando a trilha toda ao vivo. As crianças piram e, sinceramente, a gente também.

UWS: *Damrosch Park, no Lincoln Center Plaza, entre W 62nd St, W 65th St, Columbus Ave e Amsterdam Ave.*

66 St – Lincoln Center

 @BigAppleCircus

 www.bigapplecircus.org

> BOOKS OF WONDER

Ainda bem que Nova York tem esta livraria especializada só em livros infantis. Digo isso porque, para as crianças, é um verdadeiro passeio por vários mundos da fantasia dentro de um mesmo lugar, em uma atmosfera deliciosa para apreciar os livros — lançamentos e raridades. Tem até livro de arte para os pequenos. Outro fator-tudo: eles são superconscientes didaticamente e em sua seleção não pode entrar nenhum livro que seja adaptação de um filme, programa de TV ou video game. Outra coisa que ajuda são os vendedores, que superentendem do que estão falando. Se puder, vá lá aos domingos, que ao meio-dia tem leitura de histórias.

ACHO TUDO

Na entrada, tem um café com cupcakes deliciosos e um ótimo chocolate quente. As crianças adoram e as mamães, também. ;-)

ACHO CAÍDO

Os vendedores, de tão solícitos que são, podem passar tempo demais com o cliente. Algumas vezes a coisa precisa ser expressa, sorry. Eu sei, neurose nova-iorquina, mas fazer o que?

POR FAVOR, REBOBINE

YOU'VE GOT MAIL (1998)

Essa livraria serviu de inspiração para o filme "You've Got Mail". A Meg Ryan inclusive trabalhou lá um tempinho para encarnar melhor a personagem! O filme é fofo. Você já viu?

Midtown: 18 W 18th St, entre 5th Ave e 6th Ave (212-989-3270).

14 St **F** **M**

@BooksofWonder

www.booksofwonder.com

> BRONX ZOO

O zoológico do Bronx é o maior dos Estados Unidos. Dentro dele há mais de seis mil animais diferentes, dos mais comuns (tipo leão, girafa e rinoceronte) aos mais exóticos (como o leopardo-das-neves, a pomba-rosa e os crocodilos-chineses). Mais de 37 espécies que estavam em extinção são preservadas pelo Bronx Zoo. Por mais US$ 5, você pode passear pelas mostras temáticas. Minha favorita é o Wild Asia Monorail, um passeio de trenzinho pela fauna selvagem do Oriente. Tenho certeza de que as crianças, depois de ficarem no vagão de metrô perguntando por horas "quanto tempo falta?" (prepare-se, é uma viagenzinha chegar até lá), vão se sentir recompensadas.

ACHO TUDO

Muitas das atrações especiais são cobertas. Assim, dá para aproveitar mesmo em dia de chuva ou frio.

ACHO CAÍDO

As trilhas de caminhada dentro do complexo são confusas; é fácil de se perder. Mapa na mão, sempre.

 Bronx: *Fordham Road e Bronx River Parkway* (718-220-5100).

 Pelham Pkwy **2 5**

 @TheBronxZoo

 www.bronxzoo.com

> CHERRY'S PHARMACY

Já imaginou um lugar que vende aspirina com sabor de chiclete de morango ou de amendoim? Esse lugar existe e chama-se Cherry's. Sério! Só de Tylenol eles têm 12 tipos — todos customizados para as crianças. Eles também são especializados em remédios de manipulação infantis e dá para escolher o sabor que quiser. O atendimento é bom e eles ensinam macetes para ajudar os pequenos a tomar remédio com mais prazer, como comer um M&M's antes e um depois. Que criança não vai querer?

UES: 207 E 66th St, entre 2nd Ave e 3rd Ave (212-717-7797).

68 St – Hunter College **6**

www.cherryspharmacy.org

S.O.S.
Carnegie Hill Pediatrics
UES: 1125 Park Ave, entre E 90th St e E 91st St (212-289-1400).
www.carnegiehillpediatrics.com

O **Dr. Barry Stein** é o pediatra das minhas filhas. Ele não é um "real New Yorker" e sim sul-africano, ou seja, mais caloroso que a média. Espero que você não tenha emergências infantis nas férias, mas, por via das dúvidas, leve o telefone do Dr. Stein. Eu recomendo.

 ACHO TUDO

Os produtos para pele de bebê, que muitas vezes são a pedida para bebezonas como eu e você. Supersuaves, uma delícia.

 ACHO CAÍDO

Apesar de entregar em qualquer ponto da cidade no mesmo dia, e de graça, a Cherry's não abre 24 horas e fecha no domingo.

ACHO TUDO

O museu oferece cursos especiais em sua programação. Essas aulas são muitas vezes mais bacanas do que as exibições em si.

ACHO CAÍDO

Muitas das mostras têm patrocínios explícitos – tipo: "Descubra o mundo de Dora, a exploradora". Fica marketeiro demais. Todo museu deveria fugir disso, ainda mais em se tratando do público infantil, tão suscetível a esse tipo de influência. A gente quer ensinar cultura, e não capitalismo! Ah, e fecha na segunda-feira.

> CHILDREN'S MUSEUM OF MANHATTAN

Não pense que é um museu que fala da criança, mas sim um museu que fala COM ela – mais precisamente, as de zero até uns 4 ou 5 anos (não recomendo levar seu filho de 6 anos ou mais, tem risco de ele achar tudo meio "boring"). O CMOM (sigla complicadinha, hein?) monta exibições "hands-on", ou seja, pode mexer, tocar e interagir com tudo. Perfeito para os pequenos – e um descanso para os pais também, que não têm que ensinar a não encostar em nada, como nos museus "de verdade". Os temas não são lá muito elaborados (minicidade, viagem pelo corpo humano etc.), mas têm um certo cunho educativo. Na minha mais singela opinião, ele está mais para um grande parque interno do que para um museu. Mas não deixa de ser uma ótima opção para dias de chuva, muito frio ou calor infernal.

 UWS: *212 W 83rd St, entre Broadway e Amsterdam Ave – Tisch Building* (212-721-1223).

 86 St **1**

 www.cmom.org

> INTREPID SEA, AIR AND SPACE MUSEUM

O Intrepid é um porta-aviões original de 1943, que foi usado na Segunda Guerra Mundial, na Guerra do Vietnã e na Guerra Fria. Muitos anos depois (em 1982, para ser precisa!), foi ancorado no Rio Hudson e transformado em um museu focado principalmente em aeronaves, de guerra ou não – tem inclusive um Concorde (e dá para entrar nele). Eu sou completamente contra guerras, exército e essas coisas, principalmente para crianças. Por outro lado, sei entender o impacto de ver artefatos bélicos ao vivo e o que isso pode ensinar sobre a história do mundo.

 Midtown: Pier 86, 12th Ave e W 46th St – Rio Hudson (212-245-0072).

 50 St C E

 @IntrepidMuseum

 www.intrepidmuseum.org

 ACHO TUDO

Gosto de imaginar o Intrepid servindo de pista de pouso e decolagem para aviões no meio do mar. Não curto guerras, já falei. Mas acho incrível o que existe de tecnologia e ciência por trás disso tudo.

 ACHO CAÍDO

Aquilo tudo junto ali tem uma conotação meio patriota demais. Não sei se me cai bem.

AH, VÁ! – ENTERPRISE

Gente, eles têm um ônibus espacial lá. A Enterprise, depois de algumas viagens até a Estação Espacial, aposentou-se. Surreal pensar que dá para visitar uma nave que esteve no espaço sideral, ali, no centro de Nova York.

ACHO TUDO

A programação do JALC para "gente grande" também é incrível! Vale muito a pena checar o www.jalc.org e comprar ingressos para apresentações de estrelas do jazz, em salas com uma qualidade de som incrível. Como o complexo é todo novo, os ambientes receberam um tratamento acústico de ponta.

ACHO CAÍDO

O início da história do jazz tem relação direta com a contracultura. Para entrar nas salas de espetáculos do Jazz at Lincoln Center tem que passar por um centro comercial. Fica um gostinho esquisito na chegada, de um cenário pouco autêntico. Mas os pequenos obviamente não percebem. O estranhamento vai embora assim que são ouvidos os primeiros acordes.

> JAZZ FOR YOUNG PEOPLE AT LINCOLN CENTER

Apesar do nome, o Jazz at Lincoln Center não fica geograficamente dentro do complexo de mesmo nome. Mas está logo ali pertinho (no Time Warner Center). E, assim como as outras instituições que fazem parte do Lincoln Center, também oferece programas voltados exclusivamente para as crianças. O Jazz for Young People é um dos que eu mais gosto. As apresentações musicais são temáticas — podem falar das big bands num dia, de blues ou do jazz dos anos 1950 no outro. São didáticas sem ser sisudas e pedem bastante interação da plateia mirim. A coisa ali tem clima de brincadeira, mas tudo é levado bem a sério, tanto é que o diretor da casa é o trompetista superstar Wynton Marsalis. A programação é intensa, por isso informe-se no site antes da viagem.

UWS: *Broadway e W 60th St (212-258-9800)*.

66 St — Lincoln Center ❶

 @jalcnyc

 www.jalc.org

PARA OS GRANDINHOS

Uma das salas do Jazz at Lincoln Center é a **Dizzy's Club Coca-Cola,** que tem um climão mais bar de jazz, com o esquema mesinhas + cadeiras e apresentações de jazz ao vivo, sete dias por semana. As apresentações são, geralmente, às 19h30 e às 21h30, tarde para os padrões nova-iorquinos, mas ótima pedida para quem quer uma noitada musical de qualidade sem ter que se apressar no fim do dia para chegar lá. Reserve antes de ir!

E, por falar em música... As rádios de jazz que o www.jalc.org disponibiliza online são in-crí-veis! Estou escrevendo este texto escutando Chucho Valdés, Sarah Vaughan, Charlie Parker... Chique!

> NEW VICTORY THEATER

Se os adultos têm uma Broadway inteira para eles, os pequenos também têm a sua, ali, no mesmo pedaço, em um prédio original de 1900: o New Victory Theater, um centro de performances só para crianças. No palco, entra de tudo: dança, teatro e circo vindos dos quatro cantos do planeta... e a coisa é levada a sério! Sempre tem crítica das produções deles no New York Times e na Time Out, ou seja, pode confiar que eles super fazem parte do circuito cultural nova-iorquino. E, de quebra, é uma boa oportunidade para quem quiser educar os filhos para ver algo divertido e, ao mesmo tempo, consistente, com o qual os pais também podem se entreter.

ACHO TUDO

Além dos espetáculos infantis, o New Victory também tem uma programação especial para teens, de 12 a 15 anos. Nas sextas-feiras, a galera pode ver uma performance e depois "hang out" no teatro por um tempinho para bater papo e conhecer de perto os artistas que se apresentaram naquela noite.

ACHO CAÍDO

Como familiares também podem entrar, às vezes a coitadinha da criança pode pegar um belo pirulão sentado na frente e ter dificuldade para ver o palco. Não sei como eles poderiam resolver isso, mas que atrapalha, atrapalha.

 Midtown: 209 W 42nd St, entre 7th Ave e 8th Ave (646-223-3010).

 Times Sq – 42 St

 @NewVictory

 www.newvictory.org

ACHO TUDO

Um dos parquinhos chama-se Diana Ross Playground porque a própria Diana Ross (cantora da Motown, ex-Supremes, vocês sabem quem é, né?) colaborou financeiramente para montá-lo, depois de um mega show dela no Central Park, em 1983.

> PARQUINHOS DO CENTRAL PARK

Um dos melhores programas para fazer por aqui com crianças é de fácil acesso, tem inúmeras opções e ainda por cima é de graça! Estou falando dos cerca de 20 playgrounds do Central Park. São vários e todos, diferenciados – uns têm piso de borracha, outros ficam em um "areião", alguns têm jatinhos de água que refrescam as crianças no verão e todos têm escorregador, balanços, barras e tudo mais que uma criança precisa para se divertir. Acho lindo que muitos dos brinquedos são feitos em estrutura de madeira – mais charmoso, mais "old-style".

ACHO CAÍDO

Apesar de a brincadeira rolar solta, você está em uma cidade em que as pessoas são neuróticas por regras. Vira e mexe, corre-se o risco de levar bronca de algum "xerife" nova-iorquino. Avisinhos como "você lembrou-se de fechar o portão ao entrar no parquinho?" ou "você sempre grita ao chamar seu filho?" podem acontecer quando você menos espera!

 www.centralpark.com

ACHO TUDO

Talvez para apaziguar os ânimos dos ecodefensores, talvez por genuína preocupação mesmo, o fato é que o Ringling Bros. fundou, em 1995, na Flórida, o Ringling Bros. Center for Elephant Conservation, um centro de preservação do elefante asiático, onde eles promovem a procriação e estudos sobre a espécie. Acho digno.

ACHO CAÍDO

O show é tão grandioso – e repleto de efeitos sonoros, luzes e muita ação! – que pode assustar crianças menores. Pense bem nisso antes de levar os mais caçulas.

> RINGLING BROS. AND BARNUM & BAILEY CIRCUS

Seu slogan é "The greatest show on Earth" ("O maior espetáculo da Terra") e eles levam a promessa a sério! Circo tradicional americano, existe desde 1871 e chega na cidade com trem próprio, anunciando a companhia. São 60 vagões ao todo, 40 deles só de passageiros e 20 de carga. É um megaespetáculo circense, com tudo a que se tem direito: malabaristas, pilotos de moto, palhaços, mágica, fogos de artifício. E ainda muitas peripécias com animais – de cavalos a lhamas, elefantes e tigres. Tudo comandado pela figura tradicional do ringmaster – o mestre do rinque. Eles são ótimos e comandam o show de maneira divertida e excepcional.

 @RinglingBros

 www.ringling.com

> TOY STORES

A meninada não é nada boba. Quando chega aqui quer comprar que nem adulto. Também, as lojas deixam até a gente com vontade de voltar a ser criança para poder levar tudo aquilo (aliás, é o que todo mundo faz, né?!). Vamos às melhores:

AMERICAN GIRL PLACE

Midtown: 609 5th Ave, esquina com E 49th St.
www.americangirl.com

Quem tem filha, sobrinha ou afilhada já sabe: esta loja é parada obrigatória. Não é para menos. As bonecas são realmente lindas e as meninas podem personalizar a sua, escolhendo entre várias opções de tom de pele, cor dos olhos e tipo de cabelo. Fora isso, a loja vende tuuuuudo quanto é acessório para uma boneca que se preze – roupas, casa, carro, bicho de pelúcia; e ainda tem serviço de cabeleireiro (sério! E sempre tem fila!), hospital (para bonecas "machucadas") etc. Uma vez lá dentro, você também vai ser abduzida pelo universo American Girl. Boa sorte.

BABIES 'R' US

Midtown: 24-30 Union Square East, entre E 15th St e E 16th St.
@BabiesRUs
www.babiesrus.com

Versão da Toys 'R' Us para bebês, porém, mais voltada para artigos utilitários. Pensa que ser baby é fácil? Precisa de mamadeira, chupeta, mastigador, carrinho, chocalho etc. etc. etc., hehehe! Bom, tem tudo lá. Os carrinhos são super em conta, comparando preço/qualidade com os do Brasil.

BUY BUY BABY

Midtown: 270 7th Ave, entre W 25th St e W 26th St.
www.buybuybaby.com

É o "hipermercado" do bebê. Tem de tudo e mais um pouco para esses seres, desde o momento em que eles ainda estão crescendo na barriga. Você encontra até coisas que nunca imaginou que ia precisar, como babador para a criança pintar com caneta lavável etc.

DISNEY STORE

Midtown: 1540 Broadway, entre W 45th St e W 46th St.
@DisneyStore
www.disneystore.com

Um pedacinho, ou melhor, um pedação da Disney na Times Square. Tem toda a parafernália que você puder imaginar do universo do Mickey, princesas, super-heróis e cia.

DYLAN'S CANDY BAR

UES: 1001 3rd Ave, esquina com E 60th St.
@DylansCandyBar
www.dylanscandybar.com

A Dylan (sim, Dylan nos EUA é nome unissex) é filha do Ralph Lauren e dona desse paraíso para os amantes de balas de todos os tipos – e para os dentistas que vão cuidar de todos os clientes da loja depois, kkkk. A seção "por quilo" é a atração principal, claro, mas em datas especiais como Valentine's Day, Halloween e Natal, vale passar na loja e se esbaldar com as guloseimas temáticas.

F.A.O. SCHWARZ

Midtown: 767 5th Ave, esquina com E 58th St.
www.fao.com

A entrada, voltada para a Quinta Avenida, os bichos de pelúcia gigantes no térreo (girafa!, elefante!, urso!), o gigante piano de chão no andar superior (momento "volta ao passado": o brinquedão está em uma cena antológica do filme "Quero Ser Grande", com Tom Hanks) e os monitores fazendo demonstração dos brinquedos – tudo isso colabora para a F.A.O. ser vista como a loja de brinquedos mais emblemática de Nova York.

GIGGLE

Soho: 120 Wooster St, entre Spring St e Prince St.
@giggle
www.giggle.com

Lugar perfeito para quem busca itens de primeira necessidade para o bebê, sem perder o charme – ou seja, a junção perfeita entre funcionalidade e estética. A seleção vai de babadores fofos a macacões de algodão 100% orgânico, passando por berços e trocadores ultra-cool criados pelo Dwell Studio. E se quiser levar o baby para a sessão de compras, eles oferecem um simpático estacionamento para carrinhos dentro da loja.

SCHOLASTIC STORE

Soho: *557 Broadway, entre Prince St e Spring St.*
@ScholasticStore
www.scholastic.com/sohostore

Eu costumo brincar que essa é a loja das crianças inteligentes – tipo uma biblioteca audiovisual para os pequenos. Os brinquedos de pintura e desenho também são tudo. Ótimo que é no Soho, assim eles compram e nós, também.

STATE NEWS

UES: *1243 3rd Ave, entre E 71st St e E 72nd St.*

Eu simplesmente AMO esta loja! Tudo o que não se sabe onde comprar você encontra aqui. Eles vendem artigos de papelaria, brinquedos e TUDO para festas de aniversário (mas tudo mesmo: de pratinhos e copos descartáveis a enfeites, brindes, faixas e velas – que acendem, que cantam, que se mexem!). E, a cada feriado especial (Valentine's Day, Natal, Chanuká etc.), a loja muda de cara. Na época de Halloween é incrível: tem fantasia, caveira luminosa, esqueleto dançante, sangue falso, unhas compridas verdes, teia de aranha fake e por aí vai. Diversão pura.

TOYS 'R' US

Midtown: *1514 Broadway, esquina com W 44th St.*
@ToysRUs
www.toysrus.com

Prepare-se para enfrentar multidões, mas não é à toa. É a loja com a maior variedade de brinquedos, de todas as marcas, preços e estilos. E os horários são bem heterodoxos para os padrões nova-iorquinos, então não tem como escapar de comprar ali.

> TOY ART

Crianças adultas do mundo todo: uni-vos e venham comprar em Nova York, porque as lojas desses brinquedos-arte são tu-do aqui! As que eu mais gosto são:

FORBIDDEN PLANET

East Village: *832 Broadway, esquina com E 13th St.*
@FPNYC
www.fpnyc.com

Mais focada em super-heróis, onde os meninos enlouquecem — as esculturas de personagens célebres desse universo são absurdas! Também tem bonequinhos de tudo quanto é herói (e vilão) da DC, Marvel, mangás. As prateleiras de gibis complementam e sugestionam a compra.

TOY TOKYO

East Village: 91 2nd Ave, entre E 5th St e E 6th St.
@Toy_Tokyo
www.toytokyo.com

Loja do super geek Israel Levarek, que há 12 anos vendeu toda a sua coleção de cacarecos do Batman para abrir o que virou uma das mecas da toy art de Manhattan. Tem de Bob Esponja e Mickey Mouse a monstrinhos japoneses dos anos 1970.

> SOU CRIANÇA, MAS TÔ NA MODA

ANNA BELÉN

UES: 834 Lexington Ave, entre E 63rd St e E 64th St.
www.annabelen.com

Tiaras, presilhas, fivelas, laços e elásticos, de todas as cores, formas e tamanhos. Basicamente, essa loja é o parque de diversões para toda menina que curte acessórios de cabelos e para as suas mães também, claro. São tantas opções de modelos que dá um nó na cabeça, quase literalmente, hehehe!

CREW CUTS

Midtown: 91 5th Ave, entre E 16th St e E 17th St ou UWS: Shops at Columbus Circle ou UES: 1190 Madison Ave, esquina com E 87th St. ou Soho: 99 Prince St, esquina com Mercer St.
@JCrew
www.jcrew.com

Marca infantil do grupo da J.Crew (super American style), a loja é tudo. Tem coisas lindas tanto para meninas quanto para meninos. É um pouco mais cara que a Gap Kids, mas também é mais chiquezinha. Eu adoro!

FLOWERS BY ZOE

UES: 1070 Madison Ave, esquina com E 81st St.
Tem página no Facebook.

Dá vontade de voltar a ser menina só para caber nas roupas. As peças têm uma pegada fashion, mas sem cara de "adultinha" (afff, tô fora!), com padrões superdivertidos, franjas metálicas, tachinhas e afins, além de estampas florais e outros toques que imprimem ao armário das pequenas uma pegada NY cool, em tamanhos que vão de 2 a 14 anos.

LESTER'S

UES: 1534 2nd Ave, entre E 79th St e E 80th St.
@ShopLesters
www.lestersnyc.com

Um pouco bagunçada, mas tem uma seleção incrível de roupas e acessórios. Ali você encontra, entre outras, a marca Rock Candy, que tem uma pegada rock and roll que as meninas AMAM, com peças cheias de glitter, símbolo da paz e frases de efeito. É uma das favoritas das minhas filhas. As "Rebeccas Black" (argh!) e os "Justin Biebers" da estação também podem se montar lá – de zero a 16 anos.

LITTLE ERIC

UES: 1118 Madison Ave, entre E 83rd St e E 84th St.
Não tem site.

Essa é "a" loja para quem busca pisantes para meninas e meninos, de tênis a opções mais formais. Tudo bem que hoje em dia muita gente prefere comprar sapatos em lojas virtuais, mas acho que nada substitui a experiência de ir com seus filhos a um lugar como a Little Eric, onde as crianças podem ver, experimentar e contar com a ajuda de um atendente que, com toda a paciência do mundo (juro! Fui lá com crianças e sou testemunha!), vai ajudá-los na escolha de um novo par de sapatos.

MAGIC WINDOWS

UES: 1186 Madison Ave, esquina com E 87th St.
www.magicwindowskids.com

Vai chegar a hora em que você que tem filhos vai precisar ir a uma festa chique daquelas e não só vai querer apenas arrasar no seu próprio look, mas no dos pequenos também...

Pois então lá está a Magic Windows para te socorrer. Porque, além do ready-to-wear fofo, eles fazem vestidos de festa de babar e fraque para os meninos. Tudo, como os americanos diriam, very cute!

MY LITTLE SUNSHINE

Chelsea: 177 9th Ave, entre W 20th St e W 21st St ou Tribeca: 145 Hudson St, esquina com Hubert St.
www.mylittlesunshinenyc.com

Multimarcas com seleção bem sacada para os pequenos de zero a 8 anos, que, além de marcas bacanas de roupa infantil (tem Stella McCartney, por exemplo), também tem seleção de toys, vários deles interativos (como o Design Your Own Superhero Cape, para a criança fazer sozinha uma capa de super-herói) e ainda um super hair stylist infantil, o Denni, que manda ver muito bem nas tesouras, fazendo cortes de cabelo incríveis.

TRICO FIELD

Soho: 65 W Houston St, esquina com Wooster St.
www.tricofield.net

O Japão pode não ter muitas crianças, mas as que nascem por lá certamente têm as roupitchas mais cool do planeta. Três marcas descoladas Made in Japan estão à venda nesta loja do Soho: Fith, Denim Dungaree e Go To Hollywood. Para as cool kids on the block.

YOYA

West Village: 636 Hudson St, entre Jane St e Horatio St.
www.yoyanyc.com

Tudo para as crianças, de roupas até o décor do quarto, além de coisas para as mamães também. E tudo debaixo do mesmo teto. O bom é que as donas (duas mamães jovens, como esta aqui que escreve) também são ávidas blogueiras e postam tudo no blog da loja. Pode tostar as economias porque vai ser difícil você achar uma seleção tão boa para os pequenos em outro lugar, em Nova York ou outra cidade. E não muito longe dali elas têm a versão para babies.

PULANDO
A CERCA

QUANDO SE FALA EM NOVA YORK, MIL IMAGENS ARQUETÍPICAS VÊM À CABEÇA – O EMPIRE STATE BUILDING, O PRÉDIO DA CHRYSLER, O CENTRAL PARK... OU SEJA, TUDO EM MANHATTAN, NÉ? MEIO INJUSTO PENSAR ASSIM, PORQUE PARA FORA DELA HÁ VÁRIOS PASSEIOS INCRÍVEIS E NADA MUITO LONGE ASSIM. TUDO BEM, TEM QUE TIRAR UM DIA TODO, OU QUASE, PARA FAZER, MAS TÁ AÍ UM POUCO DA GRAÇA: SAIR DO ARROZ COM FEIJÃO E SE AVENTURAR EM LUGARES MENOS ÓBVIOS. SE VOCÊ TIVER AQUELE DIAZINHO A MAIS, PODE SER A GRAÇA EXTRA DA SUA VIAGEM.

ACHO TUDO

A estufa deles, toda de ferro e vidro, feita em 1890. É lá que rolam, anualmente, as exposições mais mirabolantes sobre plantas e temas relacionados, como as mostras anuais de orquídeas e do kiku (o crisântemo japonês).

ACHO CAÍDO

Eles proibirem de ficar descalço (e sem camisa, para os meninos), mesmo em dias de mais de 30 graus. O puritanismo americano às vezes passa dos limites.

> NEW YORK BOTANICAL GARDEN

Para mim, esse é o passeio "natureza" mais legal de NY fora o Central Park. Fundado em 1981 nos confins do Bronx, é um oásis verde declarado "national historic landmark" (marco histórico nacional). Mais: pelos 250 acres em seus mais de 50 jardins, há todas as plantas que você puder imaginar – de miniaturas japonesas e flores tropicais a flores carnívoras, tudo catalogado, com plaquinhas descrevendo cada uma. Há mostras ótimas de esculturas que ocupam, de maneira criativa, os espaços abertos a exposições especiais de flores dentro do Enid A. Haupt Conservatory (a linda e imponente estufa do parque – veja o "Acho tudo" ao lado). No inverno, rola um passeio de trem com vários presépios e situações natalinas espalhados pelo jardim. Meio frio, mas vale se aventurar. Eu, pelo menos, nunca tinha visto algo assim. Só não abre na segunda-feira.

Bronx: *Bronx River Parkway e Fordham Road (718-817-8700).*

Bedford Pk Blvd

@NYBG

www.nybg.org

> BROOKLYN MUSEUM

É o Met do Brooklyn (ou seja, tem um acervo enorme de arte dos séculos passados), mas o legal mesmo é ir lá para ver as exposições especiais – de uns anos para cá, o museu tem se firmado como espaço fundamental para mostras individuais de artistas contemporâneos em evidência, do japonês Takashi Murakami ao chinês Ai Wei Wei, só para citar dois exemplos. Logo ao lado fica o Brooklyn Botanic Garden (www.bbg.org), que, anualmente, em torno de abril e maio presenteia o visitante com o visual lindo de suas cerejeiras em "full blossom". Se você estiver em Nova York nessa época, não pode deixar de se maravilhar ao vivo com as flores brancas e rosas, que tomam conta do parque, formando verdadeiras nuvens.

 ACHO TUDO

Assim como o Met, o preço é sugerido e não obrigatório, ou seja, você paga o que quiser. Mais civilizado impossível.

 ACHO CAÍDO

Ter um monte de reforma toda hora nas linhas de metrô que levam para lá. Já é um percurso demorado (de 30 a 40 minutos para quem vai de Midtown), então não se esqueça de checar se tá tudo ok antes. Fora isso, fecha na segunda e na terça, meio demais, né?

 Brooklyn: *200 Eastern Parkway (718-638-5000).*

 Brooklyn Museum

🐦 *@brooklynmuseum*

 www.brooklynmuseum.org

> CLOISTERS

Parte integrante do Metropolitan Museum, o monastério que o museu trouxe da Europa é, na verdade, um agrupamento de cinco estruturas diferentes. Por dentro, catacumbas, jardins internos, espaços cheios de relíquias da Idade Média — mais de cinco mil objetos! Só que se lembre: os Estados Unidos nunca tiveram algo assim, tudo isso que está lá é original do século 9, vindo da França. As estruturas foram todas desmontadas tijolo a tijolo e remontadas no Fort Tyron, entre 1934 e 1938, na altura da 190th St. Surreal! Mais surreal ainda é que isso era propriedade da família Rockefeller, que doou tudo para o Met.

ACHO TUDO

O monastério também tem um parque lindo em volta e fica quase na beira do Rio Hudson. Os jardins internos, que reproduzem os da Idade Média, também são lindos.

ACHO CAÍDO

Eles não fazem exposições por lá. Seria mais um motivo para ir visitar.

Hudson Heights: 99 Margaret Corbin Drive, Fort Tyron Park (212-923-3700).

190 St Ⓐ

www.metmuseum.org/cloisters

> CONEY ISLAND

Pedaço vivo de um passado perdido, Coney Island é uma viagem no tempo e na história da diversão. Ou melhor, dos parques de diversão. Lá tem um que funcionava no começo do século passado e que ficou podrão por um bom tempo. Mas ganhou um makeover que ressuscitou 19 brinquedos, abertos no verão. Roda-gigante, montanha-russa... Tem até surfe artificial! Em volta, tentações calóricas que valem a indulgência: e o prêmio de melhor delas vai para o cachorro-quente do tradicional Nathan's, que, aliás, todo ano, no dia da Independência Americana (4 de julho), realiza o Hot Dog Eating Contest. Outro evento imperdível é a Mermaid Parade, em junho. Uma montação desenfreada, carros alegóricos, um desfile lotado de sereias e "sereios". Todo ano eles elegem um nova-iorquino e uma nova-iorquina como rei e rainha. Mais Nova York impossível!

Brooklyn: 1208 Surf Ave – Brooklyn (718-372-5159).

Coney Island

🐦 @coneyislandusa

🌐 www.coneyisland.com

ACHO TUDO

A passarela que ladeia o parque e fica à beira-mar, cheia de barracas com brincadeiras, comidinhas... Dá para perder horas só vendo o que tem ali. O visual lembra aquelas cidadezinhas de filme americano.

ACHO CAÍDO

O parque (ou parte dele) não abre o ano todo.

AH, VÁ! QUEM COME MAIS!

O pentacampeão do Hot Dog Eating Contest é o americano Joe Chestnut. Seu recorde: 69 cachorros-quentes em 10 minutos!!!

ACHO TUDO

A área (ao ar livre) de mais de 300 mil metros quadrados na beira do Rio Hudson, que faz parte da Dia. Vista linda e um gramado perfeito para um piquenique.

ACHO CAÍDO

O trem para de estação em estação até chegar a Beacon. Os horários de saída também são meio quebrados, então tem que planejar bem antes de ir. No verão, fecha na terça e na quarta. No inverno, fecha terça, quarta e quinta. É bom dar uma olhadinha na página deles no Facebook para confirmar os horários, pois as datas de início da temporada de verão e inverno mudam a cada ano e, quando neva muito, o museu fecha.

> DIA ART FOUNDATION

Viagem meio longuinha (mais ou menos uma hora saindo da Grand Central), mas vale super a pena. Ao chegar na estação de Beacon, já dá para ver, do alto, o tamanho da coisa toda: um armazém de 22 mil metros quadrados (originalmente uma fábrica da Nabisco dos anos 1920), na beira do Rio Hudson, com iluminação natural e cheio de obras gigantescas. Estão ali nomes do primeiro escalão da arte: uma sala inteira só para Sol Lewitt, outra de Andy Warhol, Louise Bourgeois, Joseph Beuys, Richard Serra e por aí vai. Tudo é doação, muita coisa vinda da coleção do galerista alemão Heiner Friedrich e sua esposa Philippa de Menil e de outros grandes acervos dos EUA. Poder, né? Que bom que eles deixam a gente ver tudo. Quer dizer, quase tudo: tem áreas, como a das esculturas-buraco de Michael Heizer, que precisam de hora marcada para visitar. Também, imagina: esses trabalhos, da série "Double Negative", têm mais de seis metros de profundidade.

Beacon: *3 Beekman St* *(845-440-0100)*.

 @DiaArtFndn

 www.diaart.org

> MUSEUM OF THE MOVING IMAGE

Aberto desde os anos 1970, mas acho que, devido à sua localização – Astoria (Queens) –, nunca foi prioridade dos turistas. Isso talvez mude agora que ele passou por uma bela reforma – estimada em mais de US$ 60 milhões –, que resultou num prédio muito branco, com uma arquitetura bem moderna e ampla (praticamente dobrou de tamanho). O acervo é dedicado ao universo da TV, cinema e mídia digital. Adorei ver as câmeras de vídeo dos anos 1960 e 1970, as maquetes usadas em longas-metragens, truques de maquiagem e figurinos de várias películas conhecidas. Todas as peças têm explicação por escrito e a montagem da exposição é muito benfeita. Só não vá até lá na segunda e terça, pois estará fechado.

ACHO TUDO

O museu apresenta também obras de arte mais experimentais, que usam tecnologia digital (de luzes, cores e sons) e que muitas vezes são interativas.

ACHO CAÍDO

Parte da exposição permanente foca em programas de TV americanos mais antigos que a gente mal conhece. "Boiei" em algumas coisas ali...

Queens: *35ᵗʰ Ave, esquina com 37ᵗʰ St (718-777-6888).*

Steinway St

 @MovingImageNYC

 www.movingimage.us

ACHO TUDO

Aproveite que está em Astoria, no Queens, para andar um pouco pelas ruas e se familiarizar com o bairro. Outras atrações na região incluem o Socrates Sculpture Park (um parque de esculturas bacanésimo, bem pertinho dali) e o Museum of the Moving Image.

 ACHO CAÍDO

Não dá para dizer que o acesso é complicado, mas também não é dos mais simples, especialmente nos fins de semana, quando as linhas de metrô podem sofrer alterações. Fique esperto e confira o site do MTA (Metro Transportation Authority) antes de ir. mta.org.

©ShinyaSuzuki/Flickr

> NOGUCHI MUSEUM

Isamu Noguchi foi um superescultor/designer nipo-americano que entrou para a história da arte do século 20, tendo trabalhado com supernomes do seu tempo como Charles Eames, Paul Laszló e claque. Hoje seu fantástico legado vive neste museu que exibe suas obras-primas, tem jardim de esculturas e explora suas experimentações em todas as áreas em que atuou.

 Queens: *9-01 33rd Rd e Vernon Blvd (718-204-7088).*

 Broadway Ⓝ Ⓠ

 www.noguchi.org

> PROSPECT PARK

Fica ao lado do Brooklyn Museum e talvez pouca gente saiba que foi projetado pelos mesmos arquitetos do Central Park. Eu sinceramente acho o Prospect Park mais bonito que seu "irmão" em Manhattan. Sei lá, eu diria assim: se eu morasse na mesma distância dos dois, iria ao Prospect. Por quê? Primeiro, porque tem mais áreas livres, ou seja, mais espaço para tomar sol, fazer piquenique etc. E, bem, nada contra, mas tem menos turistas também, hehehehe.

 ACHO TUDO

A vegetação "selvagem" do parque. Tem mais cara de floresta que o neoclássico Central Park.

 ACHO CAÍDO

O vendaval que faz quando é inverno. Parece temporada de furacão. Reforce o look com blusas, casacos e um belo cachecol!

 Brooklyn: *95 Prospect Park West (718-965-8951).*

 Prospect Park B Q S

 @prospect_park

 www.prospectpark.org

ACHO TUDO

O YAP – Young Architects Program – que eles organizam todo ano na mesma época das festas "Warm Up". Um entre 20 novos talentos da arquitetura selecionados por um júri de especialistas é escolhido para repaginar o ambiente externo do PS1 (onde rolam as festas) com ideias mirabolantes e de baixo orçamento. Já fizeram até fazendinha nessa área (em 2008) com horta e galinheiro, acredita?

ACHO CAÍDO

Muitas vezes, a cerveja acaba antes do fim da festa e as filas do banheiro ficam enormes. Além do mais, fecha na terça e na quarta.

> PS1

Nem é tão fora do eixo assim – fica em Long Island City, comecinho do Queens –, mas se difere bastante dos outros museus da cidade. Começa que nem é exatamente um museu – o "P" e o "S" querem dizer "public school", ou seja, o prédio era uma escola pública e todas as mostras rolam nas antigas salas de aula. Ele é o braço "contemporâneo" do MoMA, então espere exposições menos "mainstream". Ele também não é um "museu" tradicional por causa da programação de eventos, muitas vezes mais legais que as próprias mostras. Um dos meus preferidos são as Warm Up Parties nos sábados de verão: som gostoso, horário decente (de dia!) e muuuuita gente (às vezes até demais). Lá também rola, em setembro, uma feira de livros de arte absurda, a New York Art Book Fair, com ofertas que com certeza você não vai achar na Amazon.

Queens: 22-25 Jackson Ave, esquina com 46th Ave (718-784-2084).

Court Sq

@MoMAPS1

www.ps1.org
www.nyartbookfair.com

> SIX FLAGS

Misto de momentinho Peter Pan com fortes emoções, este é o parque de diversões com uma das montanhas-russas mais altas e mais rápidas do mundo todo: a Kingda Ka. Essa é só uma das 12 montanhas-russas do parque de diversões, que fica em New Jersey. É o maior Six Flags dos EUA e tem ônibus que sai direto de Port Authority, a rodoviária de Nova York. Saída às 9h30 (em ponto!), voltando às 20h30 do mesmo dia. Prepare a garganta – e o estômago também.

Aberto entre abril e outubro, mas há semanas na baixa temporada em que o parque fecha ou opera em horários reduzidos. O site é a melhor fonte de informação sobre horários. E se comprar o ingresso online e imprimi-lo em casa, você ganha um desconto de US$ 20 por entrada.

 ACHO TUDO

Este é um dos poucos passeios bons tanto para adultos quanto para crianças em Nova York, quero dizer, se suas crianças não forem muito medrosas...

 ACHO CAÍDO

A falta de senso do parque de basicamente só oferecer hambúrguer para comer por lá. Ou seja, nem pensar em ir nas primeiras cadeiras dos brinquedos, senão já viu, né?

 New Jersey: *1 Six Flags Blvd – Jackson* (732-928-2000).

 @SixFlags

 www.sixflags.com
www.njtransit.com

©The Alexander Liberman Trust.
Photograph by Jerry L. Thompson.

> STORM KING ART CENTER

Se você tiver tempo de sobra, cogite se deslocar por aproximadamente uma hora ao norte de Manhattan para ver de perto esse museu a céu aberto, com esculturas enormes de artistas como Alexander Calder e Richard Serra espalhadas pelo seu extenso jardim, com árvores tão esculturais quanto. O trajeto até o museu, se realizado no outono, quando as folhas ficam em tons lindos de amarelo, laranja e vermelho, é uma atração em si. Além do acervo principal, eles sempre realizam, a cada estação, exposições especiais – informe-se pelo site. Lembrando que há pacotes de visitas que incluem transporte partindo de Manhattan, com uma paradinha estratégica no outlet de Woodbury Common (saindo de Port Authority).

 ACHO TUDO

Visite no outono (entre setembro e outubro, especialmente), já que a estrada beira o Hudson River, com lindas árvores à sua margem. A infinidade de tons de vermelho, laranja e amarelo das folhas nessa época do ano também pode ser apreciada nos jardins do museu. Top!

 ACHO CAÍDO

A melhor maneira de ir é de carro. Mas você também pode ir de ônibus ou trem + uma corrida de táxi da estação até o museu.

New Windsor: 1 Museum Rd (845-534-3115).

 @StormKingArtCtr

 www.stormkingartcenter.org

> WOODBURRY COMMON PREMIUM OUTLETS

Esse outlet é tão mega que as pessoas se propõem a deixar de curtir um dia em Manhattan para ir até lá e "comprar até cair". A seleção de marcas é bastante abrangente – você vai encontrar de Chanel, Valentino e a primeira Celine do mundo em um outlet (!!!) a marcas mais acessíveis como GAP e Banana Republic –, com descontos fantásticos. As lojas são casas a céu aberto, portanto, uma experiência muito mais agradável do que se "enfurnar" dentro de um shopping center fechado. Fique atento às promoções especiais – juntando cupons ou escolhendo peças específicas, você muitas vezes consegue angariar ainda mais descontos na compra final. #vemserfeliz

ACHO TUDO

O Woodburry Common tem várias lojas de decoração e artigos para casa. Se a gente não se importa em comprar roupas de coleções passadas, o que dizer de coisas para o lar, não é? O único problema é ter mala para trazer tudo isso!

ACHO CAÍDO

Fazer de uma ida ao outlet o principal motivo de sua viagem é uma fria. Comprar com desconto é bom, e todo mundo gosta. Mas nada que se compare a qualquer programa cultural em NY, certo?

Central Valley New Jersey:
498 Red Apple Crt
(845-928-4000).

www.premiumoutlets.com

OBRIGADA PELA COMPANHIA NESTE PASSEIO "LETRADO" POR NOVA YORK. SE VOCÊ SENTIU FALTA DE ALGUMA DICA, ÓTIMO – SIGNIFICA QUE VOCÊ JÁ TEM A SUA NOVA YORK. SE VOCÊ ACHOU O GUIA SUPERCOMPLETO, MELHOR AINDA – SINAL DE QUE NÓS JÁ TEMOS EM COMUM A NOSSA NOVA YORK. MINHA, SUA, DE TODOS. A GRANDE MAÇÃ ESTÁ SEMPRE ESPERANDO NOVAS DENTADAS. #VEM!

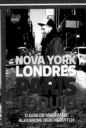

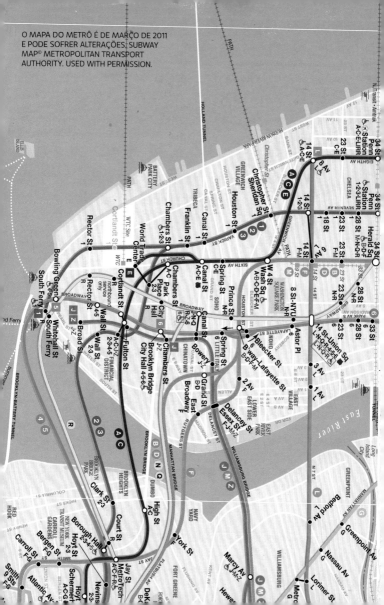

O MAPA DO METRÔ É DE MARÇO DE 2011
E PODE SOFRER ALTERAÇÕES; SUBWAY
MAP© METROPOLITAN TRANSPORT
AUTHORITY. USED WITH PERMISSION.